LGPD

LEI GERAL DE PROTEÇÃO DE DADOS:
SUA EMPRESA ESTÁ PRONTA?

Copyright© 2020 by Literare Books International
Todos os direitos desta edição são reservados à Literare Books International.

Presidente:
Mauricio Sita

Vice-presidente:
Alessandra Ksenhuck

Capa, diagramação e projeto gráfico:
Gabriel Uchima

Revisão:
Pricila Evangelista

Diretora de projetos:
Gleide Santos

Diretora executiva:
Julyana Rosa

Diretor de marketing:
Horacio Corral

Relacionamento com o cliente:
Claudia Pires

Impressão:
Editora Evangraf

Dados Internacionais de Catalogação na Publicação (CIP)
(eDOC BRASIL, Belo Horizonte/MG)

L732l   Lima, Ana Paula Moraes Canto de.
       LGPD – Lei Geral de Proteção de Dados: sua empresa está pronta? / Ana Paula Moraes Canto de Lima, Dionice de Almeida, Eduardo Pereira Maroso. – São Paulo, SP: Literare Books International, 2020.
       14 x 21 cm

       ISBN 978-65-86939-88-0

       1. Literatura de não-ficção. 2. Direito à privacidade. 3. Brasil. [Lei geral de proteção de dados pessoais (2018)]. 4. Proteção de dados – Legislação – Brasil. I. Almeida, Dionice de. II. Maroso, Eduardo Pereira.

                               CDD 342.810858

Elaborado por Maurício Amormino Júnior – CRB6/2422

Literare Books International.
Rua Antônio Augusto Covello, 472 – Vila Mariana – São Paulo, SP.
CEP 01550-060
Fone: +55 (0**11) 2659-0968
site: www.literarebooks.com.br
e-mail: literare@literarebooks.com.br

AGRADECIMENTOS

Ana Paula Moraes Canto de Lima

Agradeço, primeiramente, a Deus, pela vida, pela saúde dos que amo, pelas oportunidades, pelas boas pessoas que encontrei no caminho, pela família amada, pela alegria de poder escrever e assim me realizar.

Não poderia redigir uma lista de agradecimentos sem lembrar com gratidão da minha avó, tio e padrinho; família que me proporcionou amor, carinho, educação e uma base sólida, com valores, princípios e fé para que eu superasse as adversidades da vida sem desistir. Amados que infelizmente não estão mais aqui.

Agradeço à minha mãe, pela dádiva da vida; à minha família, que sempre me impulsiona e incentiva a ser uma profissional cada vez melhor. Agradeço aos meus filhos, Pedro, Paulinha e Pablo, por serem os responsáveis por eu ter me reinventado e me superado, por amor, para orgulhá-los. E às noras Thamires e Karine, por aceitarem fazer parte da nossa família. E a todos os demais membros da família, minha gratidão! Agradecimento imenso ao meu marido, parceiro, sócio de vida, de empresa, de escritório. Obrigada por ser minha base, meu porto seguro, por dar-me o suporte necessário para eu me dedicar à Academia nesses últimos anos. Por tudo que vivemos até aqui. Jamais serei grata o suficiente.

Meus sinceros agradecimentos ao querido Eduardo Maroso, por ter lembrado meu nome para este projeto, também por ter me conectado a igualmente querida Dionice de Almeida, dois profissionais admiráveis e competentes com os quais divido esta obra. Agradeço o convite tão desafiador; afinal, é um desafio trazer um panorama geral sobre a LGPD voltada às empresas e aos empresários em breves linhas. Obrigada, Dionice, pela oportunidade; por me incluir neste projeto tão bacana que idealizou.

Ainda em relação à obra, gostaria de agradecer a Ilog, por ter possibilitado a realização do projeto. Por ter apostado na ideia e no nosso trabalho. Por fim, quero agradecer à editora que aceitou o desafio de construir conosco esta obra que já nasce diferenciada pelo formato do projeto. Agradeço ainda a Gustavo de Oliveira Rohde da Ilog pela nossa bela apresentação.

Registro minha gratidão a todos os profissionais com os quais aprendi muito sobre a LGPD. Não citarei nomes por medo de ser injusta, mas estou certa de que o agradecimento será reconhecido.

Agradeço ao grupo de profissionais que fazem parte da trilha LGPD, queridos trilheiros com os quais aprendo diariamente e que são motivo de incentivo e de alegria. Registro um agradecimento MUITO especial à querida Viviane Maldonado, por tantos ensinamentos SOBRE O TEMA e por ter possibilitado essa união.

Reservo para o final o agradecimento mais que especial ao competente profissional que muito admiro: obrigada querido Marcelo Crespo, por ter aceitado fazer o prefácio da nossa obra.

AGRADECIMENTOS

Eduardo Pereira Maroso

Quando fui convidado para construir esta obra pela minha parceira Dionice de Almeida, sempre vêm ao nosso encontro diversas emoções e responsabilidades. Poder transmitir e compartilhar com vocês uma parte de meu conhecimento é, com certeza, uma enorme honra, e tudo disso é muito gratificante quando olhamos ao nosso redor e nos deparamos com pessoas de uma bondade e disponibilidade em nos apoiar para que esta obra fosse realizada, mesmo aquelas que não conhecem o assunto, mas nos recarregam com suas energias e apoio.

Agradeço a esta minha realização, a meu Pai (*in memorian*), a minha mãe e, em especial, a minha filha, que me impulsiona na minha caminhada profissional, peço licença para dedicar grande parte do meu agradecimento a eles.

Não posso deixar de me referir também aos dois profissionais, em primeiro Marcelo Crespo, que sempre nos faz refletir em suas obras e, em especial, Viviane Maldonado, pessoa e profissional que, neste momento, fico preocupado em não conseguir descrever minha enorme gratidão pelo conhecimento que conquistei por meio dela, deixo aqui meu muito, muito obrigado.

Além da participação destas duas profissionais fantásticas que tive o prazer de dividir a obra, Ana Paula Canto de Lima e Dionice de Almeida e, ainda, agradeço a ILOG Tecnologia, empresa referência de mercado em LMS (plataforma de ensino a distância), que nos presenteou com o patrocínio deste projeto que se tornou realidade.

E, claro, não poderia deixar de mencionar os Trilheiros-LGPD[1], grupo de especialistas em LGPD que me fortalecem a todo instante, profissionais alucinados por esta matéria, amo vocês todos!

---

1 Trilheiros-LGPD – www.trilheiros-lgpd.com.br

AGRADECIMENTOS

Dionice de Almeida

Agradeço ao meu grande apoiador e que teve um papel fundamental para que este livro se transformasse em realidade. Ao meu companheiro de vida plena, Gustavo de Oliveira Rohde, obrigada por acreditar em mim e tornar possível a realização deste sonho, estando sempre presente, sendo o companheiro perfeito e amoroso. Amo muito você.

Agradeço à minha filha e sócia Tamíris de Almeida Zardo, meu amor infinito e a motivação de toda minha carreira; é por você que eu sempre sigo em frente ultrapassando qualquer barreira ou dificuldade; por você penso em deixar um legado. Obrigada, minha Mimis, por existir, pelo seu apoio e *feedback* envolvendo esta obra e a vida.

Aos meus colegas escritores, Eduardo Maroso e Dra. Ana Paula Canto de Lima, por aceitarem vir comigo neste projeto com tão curto prazo de entrega. Mas se não fossem ambos tão competentes e dispostos a pegarmos juntos, jamais concluiríamos algo tão rico. Sou grata pela parceria de vocês e por todo conhecimento que compartilham comigo. Vocês são os melhores!

Aos meus pais, Victor Anselmo Santiago de Almeida e Eunice de Almeida, por me darem o bem mais precioso que é minha vida, principalmente por me ensinarem a ser uma pessoa persistente e que jamais desiste dos sonhos.

A minha irmã, Niceia Mara de Almeida, que sempre me incentivou em todos os grandes desafios da minha vida, pela sua presença e pelo apoio. Em nome dela, agradeço a todos os meus familiares, amo todos vocês.

A todos os meus amigos, pelo apoio que vocês me dão na vida, em especial ao Adir Filho, Maria de Fátima Kolinsqui Batista, Jaira Schveitzer e Nelise Alovisi.

Aos meus sócios Thiago Araújo e Patrícia Kohler Lapolli e toda minha equipe da NV Seguros Digitais, que sempre me apoiam em todos os meus projetos.

Aos subscritores de riscos, especialistas em seguros cibernéticos. Sou muito grata pelos conteúdos ricos que cederam; alguns primordiais para a conclusão desta obra. Em especial a: Ana Canovas, da AXA XL Seguros; Victor Soares Perego e Tiago Lino, da AIG Seguradora; Hellen Fernandes, da Zurich Seguros. Não poderia deixar de citar também Gustavo Alberton, da AIG; Everson Carvalho e Débora Guimarães, da Zurich Seguros; Rogério Fabrin, da AXA; e ao Marcos P. Fernandes, da Tókio. Obrigada pelo apoio de todos os meus grandes parceiros, que colaboram para que nossos clientes estejam cada vez mais protegidos com excelentes apólices.

Ao Júlio Ferreira, grande amigo e incentivador de meus projetos. Junto com ele sou grata a Paulo Almeida, Diogo Arndt Silva, Luiz Ernani Lepchak, Geniomar Pereira, Luiz Longobardi, Wemerson Silveira, ao cumprimentá-los, evidencio a todos que fazem parte do grande time que é a Rede Lojacorr, a qual sou grata pela confiança que sempre depositaram em meu trabalho e em minhas empresas.

Em especial, eu agradeço à Ilog Tecnologia que acreditou massivamente neste projeto, patrocinando esta primeira edição do livro evidenciando principalmente aos sócios Letícia Rodrigues, Igor Tromel, Priscila Vieira e Gustavo de Oliveira Rohde, minha gratidão pela decisão de apoiarem a publicação de um conteúdo profundamente importante aos empresários em plena evolução tecnológica, com novas legislações e grandes desafios às empresas brasileiras.

Finalizo meus agradecimentos dizendo que só conseguiremos um mundo ideal quando pensarmos no coletivo. É compartilhando conhecimento, concorrendo com ética e respeitando o próximo e a natureza que teremos um Mundo melhor! Que todos tenham muito sucesso e abundância em harmonia divina!

Ana Paula M. Canto de Lima

Advogada, palestrante, professora, escritora, coordenadora e autora de diversas obras jurídicas, especialista em Direito Digital. Mestranda na UFRPE em Consumo, Cotidiano e Desenvolvimento Social. Fundadora do escritório Canto de Lima Advocacia. Fundadora do Império Jurídico, assessora jurídica da Corregedoria da OAB/PE, coordenadora do Núcleo de Direito e Tecnologia da ESA/PE, membro fundadora da Academia Brasileira de Ciências Criminais (ABCCRIM), onde preside a Comissão de Crimes Cibernéticos. Em 2017 foi vice-presidente da Comissão de Direito da Tecnologia e da Informação da OAB/PE (CDTI) e em 2018 Presidente da Comissão de Direito da Tecnologia e da Informação da OAB Jaboatão dos Guararapes. Membro magnífica da rede amigos do Consumidor, do Instituto de Juristas Brasileiras e do Grupo Mulheres do Brasil (núcleo Recife). Redatora executiva da Revista Paradigma Jurídico. Participou como palestrante convidada no III Congresso Nacional de Direitos Humanos e Cultura da paz da UFPE, recebeu homenagem em 2018 da Câmara Municipal do Recife pela passagem dos 70 anos da Declaração Universal dos Direitos Humanos pelos relevantes serviços prestados em prol de uma sociedade mais justa, inclusiva e cidadã. Idealizadora do projeto "Seja legal na Internet" @sejalegalnainternet, que leva às escolas públicas voluntariamente, desde 2016, orientação e informação sobre segurança na *Internet* para os jovens. É ainda idealizadora do projeto "mulheres no Direito Digital" @mulheresnodireitodigital. Idealizadora, coordenadora e coautora das obras jurídicas "Direito Digital debates contemporâneos" pela Revista dos Tribunais, e da obra jurídica "Direito Digital debates contemporâneos" pela Revista dos Tribunais, e da obra "Advogado do futuro" pela Editora Enlaw. Autora da Cartilha de Propriedade Intelectual do projeto de extensão UPE/FCAP, idealizadora da Cartilha de (in)segurança digital em tempos de pandemia realizada pela OAB/PE, com apoio da ESA/PE e CAAPE. Recebeu o título de professora honorária da ESA/PE em 2018. Atua profissionalmente com Direito Digital, Privacidade e proteção de Dados, Direito do Consumidor e Responsabilidade Civil.

Contatos:

anapaula@cantodelima.com.br
Instagram: @prof.anacantodelima
LinkedIn: Ana Paula Canto de Lima
https://www.linkedin.com/in/anapaulacantodelima/
CV: http://lattes.cnpq.br/6495931567999383

Eduardo Pereira Maroso

Formado em Finanças e com MBA em Business Intelligence, com mais de 25 anos na área de tecnologia da informação. Desenvolveu diversos projetos com entidades públicas e privadas. Em 2015, foi CEO em Lisboa-PT da empresa SALARYFITS, *spin-off* da ZETRASOFT, empresa brasileira de meios de pagamentos, estruturando a internacionalização da empresa com aplicação de Fundos Investimentos Europeus e adequando as empresas para GDPR – Regulamento Geral de Proteção de Dados da União Europeia. Em 2018, retornou ao Brasil, fundando a D2SMART, empresa especializada em proteção de dados de acordo com a LGPD, com diversas cerificações nacionais e internacionais. Tais como: EXIN - Certified Data Protection Officer; EXIN - Privacy and Data Protection Practitioner; EXIN - Privacy and Data Protection Foundation; EXIN - Information Security Foundation based on ISO IEC 27001; IBC Instituto Brasileiro de Compliance- Compliance & Antissuborno; Escola Nacional de Administração Pública ENAP – Lei Geral Proteção de Dados; Centro Nacional de Cibersegurança - Portuguese National Cybersecurity Center.

Contatos:
eduardo@d2smart.com.br
Instagram: @eduardo.maroso
LinkedIn: Eduardo Maroso
https://www.linkedin.com/in/eduardo-maroso

Dionice de Almeida

Empreendedora, palestrante, escritora. Pós-graduada em Gestão de Seguros, Administração de empresas e Negociações Internacionais, empresária no ramo de seguros desde 1997, quando abre sua primeira Corretora de Seguros. É a CEO da NV SEGUROS DIGITAIS, especialista em seguros de riscos cibernéticos e responsabilidade civil empresarial, proporcionando uma nova experiência no atendimento para o cliente que busca agilidade, eficiência e tecnologia com humanização. Em março de 2018 fundou a empresa Drala EDTECH - uma *startup* inicialmente voltada para o ramo de seguros, passando a atender empresas diversas em projetos voltados para gestão de riscos cibernéticos e LGPD dentre outras áreas do mundo corporativo, através dos conteúdos EAD e palestras de inovação digital e gestão de riscos cibernéticos. Autora do 1º curso EAD para vendas em Seguros Cibernéticos do Brasil, e também de outros temas voltados para a mitigação de riscos cibernéticos, engenharia social e inovação tecnológica. Já palestrou em diversas regiões do Brasil e locais que marcaram sua carreira no seguro cibernético como no *Google* for *Startups* em abril e julho de 2019 falando sobre o tema "Mitigação dos prejuízos com *Cyber Security*".

Foi diretora do Sincor SC por 8 anos na capacitação para o Corretor e chegou à Vice-Presidência do Sicoob Credicor SC em uma gestão dos 15 anos dedicados ao cooperativismo, assim como no associativismo ocupou o cargo de Vice-Presidência da AMPE Metropolitana. Atualmente participa do grupo de Mulheres da Tecnologia na ACATE em Florianópolis – SC e atua como mentora em diversos projetos para empreendedores, sempre compartilhando seu conhecimento e gerando novas conexões, pois acredita ser uma forma de contribuir para um Brasil mais culto e próspero.

Contatos:

dionice@nvseguros.com.br
Instagram: @dionicedealmeida
LinkedIn: Dionice de Almeida
https://www.linkedin.com/in/dionice-de-almeida-7b717048/

APRESENTAÇÃO

Gustavo de Oliveira Rohde

Dados, que tratados geram informações, que interpretadas geram conhecimento, que é o principal ativo de indivíduos e empresas em nossa sociedade. Dito assim, percebemos a importância de um mecanismo de proteção e normatização do uso de dados, principal objetivo da LGPD – Lei Geral de Proteção de Dados, tema deste livro.

Em minha atuação profissional, à frente de uma empresa de base tecnológica que atua diretamente com dados, informação e conhecimento, sempre tive a noção exata da importância destes ativos. Com o passar dos anos, com o avanço da tecnologia e dos dispositivos tecnológicos em nossa vida, a forma como a coleta e o uso de dados por empresas de todos os segmentos trouxe-me uma nova visão de quanto importante e até perigoso torna-se a manipulação dos mesmos. Quem nunca recebeu algum *e-mail* comercial de uma fonte para a qual não solicitou ou autorizou o envio? E quando você acessa um portal de notícias e misteriosamente aparecem *banners* de produtos ou serviços que você pesquisou em um *e-commerce*? E quando você está em uma reunião e do nada o assistente de seu celular sai falando e apresentando-lhe resultados de pesquisas de um assunto ou palavra que você acabou de falar (mas que não pediu a opinião de seu celular!). Aqui percebemos não só o poder dos dados, mas também a importância do conceito de privacidade e proteção de nossos dados, o que é fundamental para nossa liberdade de pensamento e de expressão. A proteção de nossos dados pessoais tem a ver com nossa vida privada, que só diz respeito a nós mesmos, e que tem que ser preservada.

Mas compreender corretamente esta lei e implementar todos os seus aspectos é um desafio para todas as empresas e empreendedores. Ok, a lei está aí, ao alcance de todos, e diversos *e-books*, *blogs*, seminários estão disponíveis para ajudar a descobrir o caminho das pedras de sua implementação, certo? Só que não! São poucos os profissionais com real conhecimento e experiência para iluminar este difícil e trabalhoso caminho, e uma literatura que possa tratar o mesmo de uma forma sistêmica, abordando não só a lei, mas esclarecendo seus pontos sensíveis de uma forma prática e objetiva e indo além, tratando de forma didática e detalhada as regras para a aplicação das medidas técnicas e administrativas para garantir a segurança da informação, mitigando riscos cibernéticos e apresentando mecanismos de proteção, era quase que uma utopia.

Era, pois este livro, fruto do competente e dedicado trabalho de seus autores, Ana Paula, Eduardo e Dionice, vem preencher esta lacuna e ajudar todos nós a trilharmos um caminho menos tortuoso na implementação da LGPD, agregando valor a nossas empresas e, mais do que isso, protegendo o ativo mais valioso de pessoas e instituições.

Tenho certeza de que este livro, organizado de forma a prover uma trilha de aprendizagem sobre o assunto, irá auxiliar empresas e empreendedores de todo o Brasil a compreender os processos, os atores e as ferramentas exigidas pela lei, facilitando o trabalho de adequação que, apesar de ser único para cada empresa, tem uma linha mestra que pode ser seguida por todas, independente de porte, maturidade e segmento de atuação.

Convido você, leitor, a aproveitar este trabalho, que irá contribuir para o seu conhecimento pessoal, para sua atuação profissional e para a evolução de nossa sociedade e melhoria do ambiente de negócios de nosso país, dando um passo a mais para um futuro mais justo e de respeito à liberdade e à proteção de nossa vida particular.

Gustavo de Oliveira Rohde
Fundador e CEO da Ilog
Tecnologia

PREFÁCIO

Antes de tudo é preciso registrar a honra de ter sido escolhido para prefaciar esta obra. Não poderia haver momento mais propício para uma obra sobre proteção de dados, considerando que, finalmente, teremos a entrada em vigor da LGPD. Apesar da criação da lei remeter a 2018, quando foi aprovada pelo Congresso Nacional e sancionada pelo então Presidente Temer, de lá para cá, tivemos um lapso de novidades sobre a lei. Isto é, até o início de 2020, quando a pandemia que vem assolando o mundo serviu como argumento para propostas de adiamento, o que se viu por projetos de leis e medida provisória. Superados os percalços das discussões sobre novo adiamento, a vigência chegou no mês de setembro de 2020, o que, naturalmente, incrementa os anseios de todos pelos status de adequação e curiosidade de como será feita a interpretação da lei.

Este é, portanto, um ótimo contexto para o surgimento de obra que vise esclarecer pontos de atenção com a LGPD que devem ser de conhecimento geral. Da mesma forma, importa conhecer com mais detalhamento aspectos da segurança da informação e, ainda, de situações de crimes e fraudes. É o que encontramos, portanto, nesta obra.

Os autores reuniram, assim, importantes temas em um momento significativo da proteção de dados pessoais no Brasil, para consolidá-los numa obra de indiscutível importância, com muitos detalhes e pontos de atenção a todos os interessados pelo tema. Não se pretendeu, com os textos, esgotar os assuntos mencionados, o que faria com que a obra deixasse de ser acessível a todos neste momento.

Eis, assim, o mérito da obra: conjugar temas importantes, com um nível de detalhamento que não impede que a maioria das pessoas possa estudar, se interessar e buscar estar em adequação e protegida.

Marcelo Crespo
Especialista em Direito Digital, Proteção de Dados, Direito Penal e *Compliance*. É Doutor em Direito (USP), CCEP-I (SCCE). Coordena a maior pós-graduação em Direito Digital do país (Damásio Educacional), além de ser docente em diversos cursos. É palestrante nacional e internacional, além de ter diversos artigos publicados no Brasil e no exterior.

É o pioneiro no uso da expressão "Compliance Digital" além de ser entusiasta e evangelista dos pilares de um programa de *compliance* aliados a aspectos tecnológicos. Participou de audiência pública no Senado no âmbito de criação da LGPD (2018) e da CPI das *Fake News* (2020) da Assembleia Legislativa do Estado de São Paulo (2020)

É autor dos livros Crimes digitais (Saraiva - 2011) e Advocacia Digital 3.0 (Thomson Reuters - 2018), além de possuir artigos publicados no exterior. Também assina artigos publicados em *websites*, revistas e periódicos. É palestrante, nacional e internacional sobre temas relacionados ao Direito Digital e *Compliance*.

SUMÁRIO

ASPECTOS GERAIS SOBRE A LEI GERAL DE PROTEÇÃO DE DADOS QUE AS EMPRESAS PRECISAM SABER
(ANA PAULA MORAES CANTO DE LIMA)

I. INTRODUÇÃO 21

II. DE ONDE VIEMOS, ONDE ESTAMOS E PARA ONDE VAMOS 22

II.1. É IMPORTANTE CONHECER O RGPD/GDPR? 32

II.2 PRIVACIDADE E PROTEÇÃO DE DADOS 36

III. A LEI GERAL DE PROTEÇÃO DE DADOS 41

III.1. BOAS PRÁTICAS E O *COMPLIANCE* 43

III.2. CONHECENDO A LGPD 49

IV. POR ONDE COMEÇAR? 65

V. SEGUINDO O DIAGRAMA PROPOSTO 68

VI. ESCOPO REGULATÓRIO/JURÍDICO...72

VII. DOCUMENTOS DIVERSOS 74

VII.1. DOCUMENTOS INTERNOS 74

VII.2. DOCUMENTOS EXTERNOS 80

VIII. TECNOLOGIA, RISCOS E INCIDENTES DE SEGURANÇA DA INFORMAÇÃO 82

IX. CONSIDERAÇÕES FINAIS 88

X. REFERÊNCIAS 89

SEGURANÇA DA INFORMAÇÃO
(EDUARDO PEREIRA MAROSO)

I. INTRODUÇÃO 95

II. ORGANIZAÇÃO DA EMPRESA 98

III. CICLO DE VIDA DOS DADOS.. 108

III.1. COLETA.. 108

III.2. PROCESSAMENTO.. 109

III.3. DESCARTE OU EXCLUSÃO..110

IV. GESTÃO DE RISCOS 111

V. MEDIDAS TÉCNICAS E ADMINISTRATIVAS 116

V.1. IDENTIFICAR 117

V.2. PROTEGER 125

V.3. RESPONDER 128

VI. DPO – ENCARREGADO DE PROTEÇÃO DE DADOS 137

VII. CONCLUSÃO 139

VIII. REFERÊNCIAS 140

ENGENHARIA SOCIAL E MITIGAÇÃO DO RISCO
(DIONICE DE ALMEIDA)

I. INTRODUÇÃO 141

II. OS MÉTODOS DE ENGENHARIA SOCIAL UTILIZADOS PELOS *CRACKERS* 146

II. 1. *BAITING* 152

II. 2. *PHISHING, VISHING E SMISHING* 153

II. 3. *SPEAR PHISHING* 154

II. 4. *PRETEXTING* 155

II. 5. *SCAREWARE* 156

II. 6. *WATERING HOLE ATTACK* 158

II. 7. *QUID PRO QUO* 159

II. 8. *HONEY TRAP* 160

II. 9. *TAILGATING OU PIGGYBACKING* 161

A IMPORTÂNCIA DO FATOR HUMANO 162

III. A ORIGEM E A EVOLUÇÃO DOS RISCOS CIBERNÉTICOS NO MUNDO 163

IV. COMO REDUZIR OS RISCOS DE ATAQUES CIBERNÉTICOS NAS EMPRESAS...........167

V. AVALIANDO OS CANAIS DE RISCO NO SEU PRÓPRIO NEGÓCIO 170

VI. PONTOS DE VULNERABILIDADE NAS EMPRESAS...............172

VII. MOTIVAÇÕES DO *CRACKER* RELEVANTES PARA AS EMPRESAS 173

VIII. O IMPACTO NA EMPRESA VÍTIMA DE VAZAMENTO DE DADOS...............175

IX. FALANDO SOBRE A MITIGAÇÃO DO RISCO CIBERNÉTICO 183

X. *CASES* REAIS. VEJAMOS QUAIS OS MAIORES GOLPES GERANDO OS SINISTROS NAS MAIORES SEGURADORAS 204

XI. CONCLUSÃO 209

XII. REFERÊNCIAS 212

ASPECTOS GERAIS SOBRE A LEI GERAL DE PROTEÇÃO DE DADOS QUE AS EMPRESAS PRECISAM SABER

Ana Paula Moraes Canto de Lima

I. INTRODUÇÃO

Inicialmente, para que a Lei Geral de Proteção de Dados Pessoais faça sentido, é preciso compreender o contexto da sociedade informacional[1]. A *Internet* viabilizou uma infinidade de possibilidades, assim como a tecnologia tem avançado trazendo muitas inovações à sociedade. Contudo, esse avanço excede alguns limites e percebe-se que há uma invasão à privacidade do indivíduo.

Muitas vezes pesquisamos determinado produto ou serviço na *Internet* e, quando se percebe, inúmeras empresas estão oferecendo o que havia sido pesquisado. Não é de hoje que, após conversas despretensiosas sobre qualquer interesse, ao acessar o *Google*, magicamente, aparece uma publicidade que oferta o que estava sendo conversado.

Os aposentados recebem ligações de financeiras oferecendo empréstimo consignado[2] antes mesmo de saber que a aposentadoria

---

1 De acordo com Castells, o termo informacional indica o atributo de uma forma específica de organização social em que a geração, o processamento e a transmissão da informação tornam-se as fontes fundamentais de produtividade e poder devido às novas condições tecnológicas surgidas nesse período histórico. CASTELLS, Manuel. *A sociedade em rede*. Tradução Roneide Venancio Majer. 6.ed. São Paulo: Paz e Terra, 1999, V.1. p. 46.

2 KAORU, Thâmara. *Bancos são proibidos de oferecer consignado a recém-aposentados por 6 meses*. Disponível em: <https://economia.uol.com.br/noticias/redacao/2019/03/31/consignado-inss-aposentados-novas-regras-comecam-a-valer.htm?cmpid=copiaecola<https:// economia.uol.com.br/noticias/redacao/ 2019/03/31/consignado-inss--aposentados-novas-regras-comecam-a-valer.htm>.

havia sido deferida. O *Google*[3] e o *Facebook* já assumiram que filtram algumas palavras para oferecer produtos e serviços aos usuários. As assistentes virtuais também "ouvem" o que está sendo dito; os alto-falantes inteligentes estão constantemente ouvindo o ambiente em que se encontram esperando capturarem uma palavra de ativação. Contando com isso, foi solicitado à *Amazon* os arquivos da assistente pessoal Alexa que pode ter sido testemunha de um crime[4]. Esse avanço tecnológico que encanta e auxilia em inúmeras tarefas diárias, também amedronta e faz com que limites sejam questionados.

E por falar em limites, esse modelo de *marketing* que usa a tecnologia para ofertar produtos e serviços é significantemente intrusivo, sendo capaz de traçar o perfil do consumidor através de suas preferências. Segundo Magrani, é importante evitar abusos da publicidade direcionada que "coletam informações para vender produtos, usando táticas como *targeting* e *profiling*[5]". Diante desse cenário é possível compreender a importância da Lei Geral de Proteção de Dados, conforme se verá adiante.

II. DE ONDE VIEMOS, ONDE ESTAMOS E PARA ONDE VAMOS

Atualmente, é comum notícias de episódios de vazamento de dados das mais diversas instituições. O *Facebook*, por exemplo, expôs dados de 267 milhões de usuários do *Facebook* expondo IDs, números de telefone e nomes reais dos usuários, e não foi a primeira vez. Em 2018, um desses vazamentos atingiu 30 milhões de usuários, enquanto um do início de 2019 fez com que dados de 419 milhões de pessoas fossem expostos. Esses dados podem ser usados por campanhas de

---

3 R7. *Google admite que escuta conversas de usuários com assistente virtual*. Disponível em: <https://noticias.r7.com/tecnologia-e-ciencia/google-admite--que-escuta-conversas-de-usuarios-com-assistente-virtual-12072019> Acesso em: 20 jul. 2020.

4 ARBULU, Rafael. Alexa, da Amazon, pode ser "testemunha" de assassinato na Flórida. *Canaltech*. Disponível em: <https://canaltech.com.br/casa-conectada/alexa--da-amazon-pode-ser-testemunha-de-assassinato-na-florida-154371/> Acesso em: 20 jul. 2020.

5 SALGADO, Daniel. Conheça os guias e sites para reforçar sua segurança nas redes. *Época*. Disponível em: <https://epoca.globo.com/conheca-os-guias-sites-para-reforcar-sua-seguranca-nas-redes-23207104> Acesso em: 23 jul. 2020.

phishing em massa, já que os números de telefone estavam inclusos no vazamento[6].

Outro grande escândalo do *Facebook*[7] foi o relacionado à *Cambridge Analítica*. Milhares de informações coletadas através de jogos de personalidade; testes disponibilizados na mídia social que costumam viralizar. Ao acessá-lo, os usuários concordam, quase sempre sem ler, com os "termos de uso". À época, ao dar autorização para um aplicativo, o *Facebook* liberava acesso aos amigos do usuário. Foi assim que 270 mil pessoas que utilizaram o *This is Your Digital Life*[8] transformaram-se em 50 milhões.

Os dados coletados "incluíam detalhes sobre a identidade das pessoas – como nome, profissão, local de moradia – seus gostos e hábitos e sua rede de contatos[9]." Os dados foram repassados à *Cambridge Analítica*[10] e podem ter colaborado de maneira determinante para que Trump chegasse à presidência dos EUA. Além desse caso, a *Cambridge Analítica* atuou no *Brexit*[11], que levou o Reino Unido a sair da União Europeia.

Christopher Wylie, marqueteiro americano que criou o que chamou de uma verdadeira ferramenta de "guerra psicológica", voltada para o uso de dados e da força das redes so-

---

6 Preta, Guilherme. Vazamento expõe dados de 267 milhões de usuários do *Facebook*. *Olhar Digital*. <https://olhardigital.com.br/noticia/vazamento-expoe-dados-de--267-milhoes-de-usuarios-do-facebook/94639>. Acesso em: 23 jul. 2020.

7 BBC NEWS BRASIL. *Entenda o escândalo de uso político de dados que derrubou valor do Facebook e o colocou na mira de autoridades.* 20 mar. 2018. Disponível em: <https://www.bbc.com/portuguese/internacional-43461751>. Acesso em: 23 abr. 2020.

8 Essa é a sua vida digital.

9 Ibidem. *BBC News Brasil.*

10 DEMARTINI, Felipe. Campanha de Trump usou dados de 50 milhões de usuários do *Facebook*. *Canal Tech*. Disponível em: <https://canaltech.com.br/redes-sociais/campanha-de-trump-usou-dados-de-50-milhoes-de-usuarios-do-facebook-110156/>. Acesso em: 23 jul. 2020.

11 PEDROSA, Leyberson, MATSUKI, Edgard. *Entenda o caso Snowden; Petrobras também é alvo de espionagem. Portal EBC.* Dusponível em: <https://www.ebc.com.br/tecnologia/2013/08/web-vigiada-entenda-as-denuncias-de-edward-snowden>. Acesso em: 23 abr. 2020.

ciais para manipular a opinião pública. Seus dois maiores *cases* de sucesso foram a eleição de Donald Trump para a presidência dos Estados Unidos e a campanha para que o Reino Unido deixasse a União Europeia, decidida por referendo realizado no mesmo ano.

Importante destacar o episódio que impressionou o mundo através das alegações de Snowden[12]. O modelo de vigilância da *National Security Agency* (NSA) foi exposto no qual até a Presidente do Brasil era alvo através de "programas de vigilância que são usados pelos Estados Unidos para espionar a população americana - utilizando servidores de empresas como *Google, Apple* e *Facebook* - e de vários países da Europa e da América Latina, entre eles, o Brasil".

Após inúmeras notícias e escândalos, os cidadãos passaram a perceber o poder que há no ativo mais valioso na sociedade contemporânea – Informação. Dados que estruturados são capazes de prever comportamentos e preferências e até de manipular as pessoas, tudo com base nas pegadas digitais que os cidadãos deixam ao usar a *Internet* e diversos aplicativos. Ficou constatado que a tecnologia estava a serviço da vigilância.

Após alguns anos, os cidadãos passaram a ter mais atenção com seus dados. Ações questionando empresas surgiram e decisões confirmaram a necessidade dessa proteção, como a publicada em dezembro de 2019[13] onde a relatora, Ministra Nancy Andrighi, concedeu dano moral ao consumidor[14], fundamentando sua decisão em algumas leis que já estavam aptas a proteger os dados pessoais, como o Código de defesa do Consumidor e a Lei do Cadastro Positivo, entre outras. Destaca-se:

---

12 G1. *Entenda o caso de Edward Snowden, que revelou espionagem dos EUA.* Disponível em: <http://g1.globo.com/mundo/noticia/2013/07/entenda-o-caso-de-edward-snow-den-que-revelou-espionagem-dos-eua.html>. Acesso em: 20 jul. 2020.

13 Recurso Especial nº 1.758.799 - MG (2017/0006521-9).

14 A empresa atua no mercado comercializando informações cadastrais de consumidores para diversas finalidades, sem que estes houvessem sido informados. O consumidor ajuizou ação solicitando a retirada do seu nome do cadastro, requerendo danos morais, apontando insegurança pela exposição sofrida e invasão de privacidade, entre outros. A Ministra destacou o valor econômico que os dados pessoais ganharam no mercado de consumo e que o banco de dados é uma atividade potencialmente ofensiva aos direitos da personalidade.

Evidentemente, quando o consumidor fornece seus dados para a realização de uma compra no comércio ele não está, implícita e automaticamente, autorizando o comerciante a divulgá-los no mercado; está apenas cumprindo as condições necessárias à concretização do respectivo negócio jurídico entabulado apenas entre as duas partes, confiando ao fornecedor a proteção de suas informações pessoais.

Do mesmo modo, o fato de alguém publicar em rede social uma informação de caráter pessoal não implica o consentimento, aos usuários que acessam o conteúdo, de utilização de seus dados para qualquer outra finalidade, ainda mais com fins lucrativos.

Percebe-se que a conduta contrária à norma pode ocasionar demandas judiciais conforme a supracitada. Além da LGPD, inúmeras outras legislações estão aptas para fundamentar tais demandas. Essa mudança de mentalidade em relação ao interesse dos indivíduos manterem sua privacidade não retrocederá. Por isso, é imprescindível compreender a Lei Geral de Proteção de Dados.

A LGPD tem por objetivo "proteger os direitos fundamentais de liberdade e de privacidade e o livre desenvolvimento da personalidade da pessoa natural[15]". A intenção da legislação é proteger a privacidade e os dados pessoais dos titulares. Percebe-se que, assim como o Código de Defesa do Consumidor, a LGPD entende o titular como vulnerável. A legislação em comento era muito esperada. Inúmeros países já possuíam leis regulando a temática, enquanto o Brasil ainda estava em desvantagem por não possuir o nível de proteção adequado. A ausência de legislação causava entraves impedindo que o País se relacionasse comercialmente com outros países que já contavam com leis de proteção de dados pessoais.

Buscando solucionar o dilema, o legislativo passou a desenhar a nossa Lei. A Secretaria Nacional do Consumidor e a Secretaria de Assuntos Legislativos disponibilizaram páginas nas mídias sociais, além

---

15 BRASIL. *Lei 13.709 14 de agosto de 2018 - Lei Geral de Proteção de Dados Pessoais (LGPD)*. Disponível em: <http://www.planalto.gov.br/ccivil_03/_ato2015-2018/2018/lei/L13709.htm>. Acesso em: 20 jul. 2020.

de um *blog* para viabilizar o debate público. Havia inclusive possibilidade de comentar o Anteprojeto.[16] Foram duas consultas públicas com mais de 2.500 contribuições nacionais e internacionais de todos os setores, além de incontáveis eventos presenciais[17].

A legislação foi resultado de um amplo debate acerca da temática e alguns Projetos de Lei. Dentre eles foi sancionado o que mais se assemelhava com a Lei de Proteção de Dados da União Europeia. Importante ressaltar que, mais de um projeto de Lei foi apresentado. Houve o período em trâmite no Congresso Nacional e muitas emendas. Ao final, a Lei 13.709 foi sancionada em 14 de agosto de 2018. Entretanto, a *vacacio legis*, período em que a Lei aguarda para ter ampla divulgação e publicidade para então começar a vigorar e surtir seus efeitos, foi extenso, inicialmente 18 meses estendido para dois anos.

Em agosto de 2020 o Senado Federal aprovou a medida provisória nº 959/2020 que adiava, em seu art. 4º, o início da vigência da LGPD (Lei Geral de Proteção de Dados) para 03 de maio de 2021. Contudo, o art. 4º, foi considerado prejudicado e, assim, o adiamento nele previsto não mais aconteceria[18]." No dia 17 de setembro de 2020 o Presidente converteu a referida MP em Lei. No dia seguinte foi publicada no Diário Oficial da União a Lei 14.058/20 sem o art. 4º, desse modo, a Lei Geral de Proteção de Dados entrou em vigor no dia 18 de setembro de 2020.

Em que pese a momentânea ausência de sanções por descumprimento da legislação, já que foram postergadas para agosto de 2021, é indispensável que as empresas compreendam que responder por violação à LGPD é muito mais que advertências, multas e suspensão, etc.; é a reputação da empresa que está em cheque.

Inobstante, não é de hoje que o ordenamento jurídico brasileiro protege a privacidade dos cidadãos. A Lei Geral de Proteção de

---

16 PENSANDO O DIREITO. *Proteção de dados pessoais.* Disponível em: <http://pensando. mj.gov.br/dadospessoais/>. Acesso em: 20 de jul. 2020.

17 Lei Geral de Proteção de Dados Pessoais. *Wikipédia.* Disponível em: <https://pt.wikipedia.org/wiki/Lei_Geral_de_Prote%C3%A7%C3%A3o_de_Dados_Pessoais>. Acesso em: 20 de ago. 2020.

18 SENADO FEDERAL. *Nota de esclarecimento - Vigência da LGPD.* Disponível em: https://www12.senado.leg.br/assessoria-de-imprensa/notas/nota-de-esclarecimento-vigencia-da-lgpd>. Acesso em: 28 de ago. 2020.

Dados[19] não é a primeira, nem a única legislação a promover a proteção de dados pessoais às pessoas naturais. Então, por que tanto fala-se acerca do impacto que a legislação causará? Ora, o impacto principal será percebido na maneira como as empresas terão que se reorganizar. Muitas empresas atuam de maneira desordenada e não possuem uma governança corporativa. Não raro, uma pequena empresa cresce e não percebe que, com seu crescimento, é necessário ter uma organização além da costumeira, além das empresas familiares que relutam em profissionalizar-se. A resistência não é infundada, pois estruturar processos e procedimentos não é tão simples como pode pensar, em especial quando a empresa nasce e/ou cresce sem essa preocupação.

Bom seria se as empresas já aderissem à conformidade (observância às leis, às melhores práticas, à integridade e à ética) desde a fase da ideia do negócio, passando pelo desenvolvimento do projeto até a criação da empresa de fato. Contudo, não há uma cultura de integridade; a prioridade não é *compliance*, conformidade, adequação.

Não se pode ser ingênuo. Por óbvio é difícil tirar uma ideia do papel. Abrir uma empresa implica custos desde a abertura e, claro, ao longo do tempo, encargos, impostos, despesas como um todo. Não é fácil. Muitas empresas não passam do primeiro ano de vida, mas será que fazer tudo dentro da conformidade não possibilitaria vida longa às empresas? O fato é que nem todas as empresas que estão no mercado há um longo período contam com uma governança corporativa[20].

Independentemente do tamanho da empresa, resta claro que, em maior ou menor proporção, as empresas precisam adequar-se às melhores práticas, estar em conformidade com as legislações relacionadas à sua área de atuação, ter como norte a integridade e a ética, compreender a importância de transferir esses valores aos colaboradores, esclarecendo a postura esperada, indicando diretrizes a serem seguidas.

---

19 BRASIL. *Lei Geral de Proteção de Dados Pessoais (LGPD)*. Disponível em: <http://www.planalto.gov.br/ccivil_03/_ato2015-2018/2018/lei/l13709.htm>. Acesso em: 20 de ago. 2020.

20 Segundo Wikipédia, é o conjunto de processos, costumes, políticas, leis, regulamentos e instituições que regulam a maneira como uma empresa é dirigida, administrada ou controlada.

A necessidade de mudança de postura começou no Brasil a partir da Lei 12.846, de 1º de agosto de 2013[21], conhecida como Lei anticorrupção, e foi intensificada pela operação Lava Jato[22], que foi deflagrada pela Polícia Federal em março de 2014, posturas óbvias de integridade e ética, que não pareciam tão óbvias assim, passaram a ser valorizadas. O conhecido "jeitinho brasileiro" passou a ser repudiado. Em seguida, o Decreto nº 8.420, de 18 de março de 2015[23], regulamentou a responsabilização objetiva administrativa de pessoas jurídicas pela prática de atos contra a administração pública, nacional ou estrangeira. As empresas passaram a implementar programas de integridade. Contudo, nada mudará da noite para o dia. Toda a mudança de cultura demanda tempo; não é simples, não é fácil, exige esforço. Deixar a zona de conforto e o comodismo de lado para aceitar e contribuir para mudança é um desafio, mas é possível e vale muito a pena.

Por fim, muitas empresas não estão conformadas com a mudança. Acabam por focar no que vão gastar, quando na verdade deveriam entender como um investimento. Quando se fala em ética, integridade, boas práticas, todos os ajustes que podem fortalecer esses pilares são bem-vindos, porque cada passo dado nesse sentido será refletido na própria imagem, na reputação da empresa e, consequentemente, revertido em negócios.

---

21 BRASIL. *Lei 12.846, de 1º de agosto de 2013.* Dispõe sobre a responsabilização administrativa e civil de pessoas jurídicas pela prática de atos contra a administração pública, nacional ou estrangeira, e dá outras providências. Disponível em: <http://www.planalto.gov.br/ccivil_03/_ato2011-2014/2013/lei/l12846.htm>. Acesso em: 30 de ago. 2020.

22 Segundo o Ministério Público Federal - MPF – a Operação Lava Jato é a maior iniciativa de combate a corrupção e lavagem de dinheiro da história do Brasil. Iniciada em março de 2014, perante a Justiça Federal em Curitiba, a investigação já apresentou resultados eficientes, com a prisão e a responsabilização de pessoas de grande expressividade política e econômica, e recuperação de valores recordes para os cofres públicos. O caso se expandiu e, hoje, além de desvios apurados em contratos com a Petrobras, avança em diversas frentes tanto em outros órgãos federais, quanto em contratos irregulares celebrados com governos estaduais. MPF. *Caso Lava Jato.* Disponível em: <http://www.mpf.mp.br/grandes-casos/lava-jato/entenda-o-caso>. Acesso em: 18 de ago. 2020.

23 BRASIL. *Decreto nº 8.420, de 18 de março de 2015.* Disponível em: <http://www.planalto.gov.br/ccivil_03/_ato2015-2018/2015/decreto/D8420.htm>. Acesso em: 30 de ago. 2020.

Sempre que pensar no lado trabalhoso ou dispendioso trazido pela legislação, lembre-se: 1. Todo investimento será revertido, no mínimo, em organização, faturamento, segurança e reputação. 2. Por trás de qualquer pessoa jurídica sempre haverá uma pessoa física, titular de dados pessoais, que também será beneficiado com toda a mudança trazida pela legislação.

Um dos conceitos mais influentes a respeito da privacidade é a ideia de controle sobre informações e dados pessoais[24]. Muitas vezes o conceito de dados e informação confunde-se. Basta observar o conceito trazido pela LGPD, dados pessoais: informação relacionada à pessoa natural identificada ou identificável; e informação pessoal: aquela relacionada à pessoa natural identificada ou identificável[25];

> A informação, em si, está ligada a uma série de fenômenos que cresceram em importância e complexidade de forma marcante nas últimas décadas. O que hoje a destaca de seu significado histórico é uma maior desenvoltura na sua manipulação, desde a coleta e tratamento até a comunicação da informação[26].

Muitas vezes, por não ter conhecimento, o próprio cidadão fornece os seus dados sem refletir acerca do lucrativo mercado que há por trás de cada cadastro preenchido, de cada CPF cedido em troca de um desconto e em cada *e-mail* incluído para acessar produtos e serviços de maneira "gratuita". Muitos estavam lucrando, exceto o titular dos dados, o cidadão. Quem nunca ouviu a célebre frase "quando você não está pagando o produto é você"? É disso que estamos falando!

> O cruzamento de dados pessoais cadastrais, análises de comportamento em redes sociais,

---

24 LEONARDI, Marcel. *Tutela e privacidade na Internet*. São Paulo: Saraiva, 2011. p. 67.

25 DONEDA, Danilo. *Da privacidade à proteção de dados pessoais*. 2.ed. São Paulo: Thomson Reuters Brasil., 2019.

26 DONEDA, Danilo. *A proteção dos dados pessoais como um direito fundamental*. Disponível em: <https://portalperiodicos.unoesc.edu.br/espacojuridico/article/view/1315/658>. Acesso em: 15 ago. 2020. p.92.

compras com cartão de crédito, tempo de permanência em páginas da *Internet*, meros registros de acesso a aplicações, informações de geolocalização ou de consumo de energia podem estabelecer parâmetros fidedignos para identificar e traçar perfis consistentes de indivíduos, seus gostos e interesses, seja para direcionar um produto ou serviço, para validar uma contratação profissional, seja para identificar um potencial criminoso[27].

Essas informações são utilizadas de maneiras diversas, possibilitando rastrear, monitorar, construir um perfil com as pegadas digitais de qualquer usuário da rede, identificando preferências e interesses com táticas diversas. Não se pode negar a quantidade de informação coletada através da tecnologia. Algumas áreas faturam muito com esse mercado lucrativo. A publicidade e o *marketing* são grandes beneficiados com essa super ausência de privacidade; ganhou em assertividade, em direcionamento, comum à abordagem mais arrojada. E é exatamente o que as gigantes *(big five- Google, Apple, Facebook, Amazon e Microsoft)* há muito estão fazendo.

Diariamente incontáveis *e-mails* abarrotam a caixa postal com publicidade não solicitada, e não raro concorrem com o *phishing*[28] que, por sua vez, pode trazer consequências prejudiciais aos desavisados. Quem nunca percebeu que, após conversar sobre um interesse qualquer, ao acessar o *Google*, magicamente, aparecia uma publicidade oferecendo exatamente o que se estava falando?

Conforme supracitado, o *marketing* atualmente é capaz de prever uma intenção de compra e se atreve direcionando produtos e serviços enquanto o cidadão navega na *web*. Essa conduta de coletar dados dos cidadãos inadvertidamente, de traçar perfis de consumo, segue uma tendência da atualidade, conforme destaca Magrani[29]:

---

27 VAINZOF, Rony. Disposições preliminares. In: MALDONADO, Viviane Nóbrega; BLUM, Renato Opice. (coord). *LGPD*: Lei Geral de Proteção de Dadoos. São Paulo: RT, 2019. p. 26.

28 *Phishing* ou *Phishing Scam* é a tentativa de obter dados confidenciais mediante informações inverídicas que chegam através de canais de comunicação.

29 MAGRANI, Eduardo. *Entre dados e robôs: ética e privacidade na era da hiperconectividade.* Porto Alegre: Arquipélago, 2019. p. 157.

> observamos hoje a predominância nas esferas conectadas dos lucrativos modelos de negócio baseados em filtragem algorítmica com a finalidade de realizar práticas de *micro-targeting*, *profiling*, entre outras mencionadas, direcionando a venda de produtos e serviços de forma otimizada a e-consumidores.

Diante do cenário atual, há que se concordar que havia necessidade de estabelecer uma ordem para que os cidadãos não ficassem tão expostos e vulneráveis, podendo, inclusive, serem manipulados pela quantidade de informações pessoais em posse de terceiros.

> a informação pessoal está, quase como ato reflexo, ligada à privacidade por uma equação simples e básica que associa um maior grau de privacidade a menor difusão de informações pessoais e vice-versa. Esta equação nem de longe encerra toda a complexa problemática em torno dessa relação, porem pode servir como ponto de partida para ilustrar como a proteção das informações pessoais passou a encontrar guarida em nosso ordenamento jurídico: como um desdobramento da tutela do direito a privacidade.[30]

O nosso ordenamento jurídico possui legislações que se debruçam sobre o tema, como, por exemplo, o Marco Civil da *Internet*; o Código de Defesa do Consumidor; a Lei do Cadastro Positivo; a Lei de Acesso à Informação, entre outras; contudo, percebeu-se que uma legislação específica seria mais adequada e eficiente, afinal, inúmeros países possuem uma legislação nesse sentido. Conforme supracitado, o Brasil estava debatendo essa legislação de proteção de dados há um longo tempo, mas, quando entrou em vigor o RGPD/GDPR, três meses depois, foi aprovada a Lei Geral de Proteção de Dados, perceptivelmente a nossa LGPD foi impulsionada pelo RGPD.

---

30 DONEDA, Danilo. A proteção dos dados pessoais como um direito fundamental. Disponível em: <https://portalperiodicos.unoesc.edu.br/espacojuridico/article/view/1315/658>. Acesso em: 15 ago. 2020.

A LGPD "dispõe sobre o tratamento de dados pessoais, nos meios físicos e digitais, por pessoa natural ou por pessoa jurídica, de direito público ou privado, com objetivo de proteger os direitos fundamentais de liberdade e de privacidade e o livre desenvolvimento da personalidade da pessoa natural". E conceitua tratamento como:

> toda operação realizada com dados pessoais, como as que se referem a coleta, produção, recepção, classificação, utilização, acesso, reprodução, transmissão, distribuição, processamento, arquivamento, armazenamento, eliminação, avaliação ou controle da informação, modificação, comunicação, transferência, difusão ou extração.

Em linhas gerais, o que é a lei Geral de Proteção de Dados? É uma legislação que visa organizar a utilização dos dados pessoais dos titulares prezando pela privacidade através de princípios como o da boa-fé, transparência, informação, considerando o mínimo necessário que precisa ser coletado para que a finalidade com o tratamento seja alcançada.

Com a LGPD é possível continuar tratando os dados pessoais, basta observar a legislação, conforme se verá adiante. Diferentemente do que alguns pregam, a legislação em comento não trará impactos negativos para a economia; na verdade, ao estar adequada, acredita-se que a empresa terá um diferencial competitivo. A postura de resguardar os direitos dos consumidores fortalecerá a reputação da empresa. E o Brasil também será beneficiado ao ser igualado a inúmeros países que já possuem uma cultura de privacidade e proteção de dados. Ao final, a economia, a empresa e o cidadão beneficiar-se-ão e sairão mais fortalecidos. A economia ganha com a mudança.

II.1 É IMPORTANTE CONHECER O RGPD/GDPR?

Inicialmente, salienta-se que muitos países possuem proteção à privacidade e aos dados pessoais. Atualmente, mais de 100 países possuem alguma proteção. O Brasil está dando passos assertivos ao adentrar nesse seleto grupo; pode representar uma oportunidade real no mercado internacional. Em alguns países a proteção aos dados pessoais já figura no rol de direitos fundamentais. Segundo Peck:

> a proteção das pessoas físicas relativamente ao tratamento dos seus dados pessoais é um direito fundamental, garantido por diversas legislações em muitos países. Na Europa, já estava previsto na Carta dos Direitos Fundamentais da União Europeia e no Tratado sobre o Funcionamento da União Europeia[31].

Destarte, é indispensável destacar a maturidade da Europa no tema. É de grande relevância ter conhecimento acerca das mudanças e dos impactos trazidos pela legislação europeia. O Regulamento Geral de Proteção de Dados ou *General Data Protection Regulation*, UE2016/679[32], apesar de ter o nome de regulamento, é uma Lei equivalente a uma lei ordinária no Brasil.

A legislação em tela traz regras sobre a privacidade e a proteção de dados pessoais na UE, sendo aplicável a todos os indivíduos na União Europeia e aos países que fazem parte do Espaço Econômico Europeu, e foi criada com o objetivo de uniformizar a temática. A legislação possui 173 considerandos e 99 artigos. É uma legislação extensa que não pode ser comparada com a Lei Geral de Proteção de Dados. Contudo, a Lei brasileira claramente se inspirou no RGPD que, por sua vez, tem por objetivo uniformizar as regras acerca da privacidade e da proteção de dados na União Europeia, deixando uma pequena margem para que os Estados-membros elaborem disposições mais específicas.

Oportuno destacar que, não raro, o profissional deverá amparar-se no RGPD para compreender determinado contexto ou tratamento.

---

31 PINHEIRO, Patricia Peck. *Proteção de Dados Pessoais:* comentários à Lei n° 13.709/2018 (LGPD). 2.ed. São Paulo: Saraiva Educação, 2020. p. 19.

32 JORNAL OFICIAL DA UNIÃO EUROPEIA. Regulamento (UE) 2016/679 do Parlamento Europeu e do Conselho de 27 de abril de 2016 relativo à proteção das pessoas singulares no que diz respeito ao tratamento de dados pessoais e à livre circulação desses dados e que revoga a Diretiva 95/46/CE (Regulamento Geral sobre a Proteção de Dados). Disponível em: <https://eur-lex.europa.eu/legal-content/PT/TXT/HTML/?uri=CELEX:32016R0679>. Acesso em: 30 jul. 2020.

LGPD - LEI GERAL DE PROTEÇÃO DE DADOS: SUA EMPRESA ESTÁ PRONTA?

Observando o posicionamento da União Europeia sobre o tema, é possível ter diretrizes sobre temas que ainda não foram regulamentados pela Autoridade Brasileira. O tratamento transfronteiriço de dados pessoais, por exemplo, resta definido no artigo 4.º, 23[33] do RGPD, devendo ser analisado ainda o considerando 79[34].

O regulamento supracitado revogou a Diretiva 95/46/CE (Regulamento Geral sobre a Proteção de Dados) que desde 1995 orientava a União Europeia em relação a essas matérias. Entretanto, enquanto diretiva, cabia aos Estados-membros organizarem suas próprias leis, respeitando a diretiva. Em determinado ponto, percebeu-se uma falta de uniformidade entre os Estados membros da UE, o que fez com que o RGPD/GDPR fosse promulgado com a finalidade de uniformizar a temática de privacidade e proteção de dados na União Europeia.

Muitas empresas brasileiras precisaram adequar-se à legislação da UE que entrou em vigor em 25 de maio de 2018. Empresas que mantinham relações comerciais com as empresas europeias, e por isso tratavam dados pessoais de cidadãos europeus, ou aquelas que a pedido dessas empresas agiam como operadores, tratando dados desses cidadãos. E ainda, empresas que tinham estabelecimento, filial ou sucursal nos países que estavam sob abrangência da Lei, ou as que ofereciam produtos e serviços para os cidadãos da União Europeia.

---

33 Art. 4°, 23. Tratamento transfronteiriço: a) O tratamento de dados pessoais que ocorre no contexto das atividades de estabelecimentos em mais do que um Estado-Membro de um responsável pelo tratamento ou um subcontratante na União, caso o responsável pelo tratamento ou o subcontratante esteja estabelecido em mais do que um Estado-Membro; ou b) O tratamento de dados pessoais que ocorre no contexto das atividades de um único estabelecimento de um responsável pelo tratamento ou de um subcontratante, mas que afeta substancialmente, ou é suscetível de afetar substancialmente, titulares de dados em mais do que um Estado-Membro;

34 A defesa dos direitos e liberdades dos titulares dos dados, bem como a responsabilidade dos responsáveis pelo seu tratamento e dos subcontratantes, incluindo no que diz respeito à supervisão e às medidas adotadas pelas autoridades de controlo, exigem uma clara repartição das responsabilidades nos termos do presente regulamento, nomeadamente quando o responsável pelo tratamento determina as finalidades e os meios do tratamento conjuntamente com outros responsáveis, ou quando uma operação de tratamento de dados é efetuada por conta de um responsável pelo tratamento.UNIÃO EUROPEIA. Regulamento (UE) 2016/679. RGPD. Disponível em: <https://eur-lex.europa.eu/legal-content/PT/ALL/?uri=CELEX%3A32016R0679>. Acesso em: 10 ago. 2020.

Além dessas, também precisariam adequar-se as empresas que coletavam dados dos cidadãos que se encontravam fisicamente na União com interesse em traçar o perfil destes, possibilitando antecipar comportamentos e atitudes[35]. A legislação brasileira inspirou-se no RGPD e por isso é possível verificar algumas semelhanças entre elas. As empresas que já se adequaram à legislação europeia, terão maior facilidade de adequar-se à legislação brasileira, mas não significa que já estão adequadas, esse raciocínio resta equivocado.

Aquele que pretende atuar na área deveria compreender a privacidade e proteção de dados e sua evolução histórica, ao menos em relação aos fatos mais relevantes, além de conhecer as principais discussões que precederam a Diretiva 95 e, posteriormente, o RGPD. Compreende-se que esse é o melhor caminho para obter uma base sólida na temática, e faz toda a diferença no planejamento do projeto. Esse amplo conhecimento durante a adequação é um diferencial, seja para se antecipar aos riscos e antever situações já presenciadas em outros países, seja para fundamentar respostas à Autoridade Nacional de Proteção de Dados. E quando se trata de empresas que desejam ter relações comerciais com países adequados, o conhecimento torna-se imprescindível.

Nesse norte, o profissional possui um *background* que possibilita que esteja preparado e embasado para tomar as decisões mais assertivas, por ter conhecimento acerca do entendimento em relação ao RGPD, em especial pelo fato de que no Brasil a ANPD (Autoridade Nacional de Proteção de Dados) ainda não está constituída. Consequentemente, o profissional trará posicionamentos e experiências da UE para embasar a sua adequação. Ademais, entende-se que a ANPD inevitavelmente olhará para a União Europeia; afinal, no Brasil não há ainda a cultura da privacidade e da proteção de dados.

No tocante à presente obra, a proposta é abordar a Lei Geral de Proteção de Dados cabendo apenas esse pequeno introito para destacar que algumas decisões, regulamentações e entendimentos podem ser inspiradas na legislação europeia. Por fim, esse breve apontamento foi para que o leitor compreenda a relevância do tema além LGPD.

---

35 LIMA, Caio César Carvalho. Objeto, aplicação material e aplicação territorial. In: MALDONADO, Viviane Nóbrega; BLUM, Renato Opice. (coord). *Comentários ao GDPR. Regulamento Geral de Proteção de Dados da União Europeia.* São Paulo: RT, 2018. p 36. p. 23-36.

II.2 PRIVACIDADE E PROTEÇÃO DE DADOS

A privacidade passou a fazer sentido no cenário pós-guerra após as inúmeras invasões domiciliares para buscas, averiguações, entre outras barbáries, sem controle ou limite. Nesse contexto, houve uma tendência pela busca da inviolabilidade do domicílio, e, consequentemente, leis, pactos e convenções foram criados. Inclusive um importante marco foi a Declaração Universal dos Direitos Humanos (DUDH) proclamada em 1948.

No Brasil, pode-se citar a Convenção Americana sobre Direitos Humanos[36] (Pacto de São José da Costa Rica) de 1969 que entrou em vigor em 1978, e no Brasil através do Decreto n° 678/1992. A Convenção traz em seu bojo a proteção à família e à privacidade, além da dignidade, nos seguintes termos: "Ninguém pode ser objeto de ingerências arbitrárias ou abusivas em sua vida privada, na de sua família, em seu domicílio ou em sua correspondência, nem de ofensas ilegais à sua honra ou reputação".

Adiante, a Constituição Federal de 1988[37] elencou no art. 5°, X, que são invioláveis a intimidade, a vida privada, a honra e a imagem das pessoas, assegurado o direito à indenização pelo dano material ou moral decorrente de sua violação. E o art. 5°, XII, destaca que é inviolável o sigilo da correspondência e das comunicações telegráficas, de dados e das comunicações telefônica. Ainda em relação à CF, pode-se destacar o *habeas data*, remédio constitucional que proporciona acesso à informação acerca dos dados pessoais e à correção.

Logo, a privacidade tem relação com a vida privada, com o direito de ter sua intimidade protegida e está intimamente relacionada com a dignidade da pessoa humana. As primeiras discussões jurídicas sobre a privacidade surgiram a partir do artigo *"the right to privacy[38]"* ou o "direito à privacidade" trazido em 1890 por Samuel Warren e Louis

---

36 PGE. *Convenção Americana de Direitos Humanos (1969).* (Pacto de San José da Costa Rica) Disponível em: <http://www.pge.sp.gov.br/centrodeestudos/bibliotecavirtual/instrumentos/sanjose.htm>. Acesso em: 05 ago. 2020.

37 BRASIL. *Constituição Federal de 1988.* Promulgada em 5 de outubro de 1988. Disponível em: <http://www.planalto.gov.br/ccivil_03/constituicao/constituição.htm>. Acesso em: 05 jul. 2020.

38 WARREN, Samuel D.; BRANDEIS, Louis D. The Right to Privacy. *Harvard Law Review,* v. 4, n. 5. (Dec. 15, 1890), pp. 193-220. Disponível em: <https://www.cs.cornell.edu/~shmat/courses/cs5436/ warren-brandeis.pdf>. Acesso em: 05 ago. 2020.

Brandeis, também conhecido como *"the right to be let alone"* ou "o direito de ser deixado só" ou em paz.

Entende-se que não se pode pensar a proteção de dados como uma evolução do direito à privacidade, e sim como um novo direito da personalidade, conforme destaca Bioni:

> o direito à proteção dos dados pessoais reclama uma normatização própria que não pode ser reduzida a uma mera "evolução" do direito à privacidade, mas encarada como um novo direito da personalidade que percorre, dentre outras liberdades e garantias fundamentais, a liberdade de expressão, de acesso à informação e de não discriminação. Em última análise, trata-se da nossa própria capacidade de autodeterminação[39].

O direito de dispor dos seus próprios dados é o que chamamos de autodeterminação informativa ou informacional. A livre escolha faz parte da vida moderna, desde que as intenções, a finalidade, os riscos e os inconvenientes aos quais o indivíduo pode estar exposto ao ceder as suas informações pessoais não sejam um mistério, ou um segredo, nem mesmo esteja postado de maneira incompreensível ao cidadão médio.

Conforme supracitado, os dados são ativos valiosíssimos na sociedade da informação. Segundo Doneda[40], o direito à autodeterminação informativa proporciona ao indivíduo o controle sobre suas informações. No tocante à proteção de dados pessoais, é necessário o entendimento acerca da sua relevância e do seu valor na sociedade digital; afinal, a informação é o ativo mais cotado na sociedade contemporânea, pois um conjunto estruturado de informações pode ser capaz de influenciar, prever e manipular o comportamento dos indivíduos. Conforme aduz Vainzof[41]:

---

39 BIONI, Bruno Ricardo. *Proteção de Dados Pessoais:* a função e os limites do consentimento. Rio de Janeiro: Forense, 2019.

40 DONEDA, Danilo. *Da privacidade à proteção de dados pessoais:* elementos da formação da Lei Geral de proteção de dados. 2.ed. São Paulo: Thomson Reuters Brasil, 2019. p. 169.

41 VAINZOF, Rony. Capítulo I - Disposição preliminares. In: MALDONADO, Viviane Nóbrega; BLUM, Renato Opice. (coord). *LGPD*: Lei geral de proteção de dados comentada. São Paulo: RT, 2019. p. 19-135. p. 26.

O cruzamento de dados pessoais cadastrais, análises de comportamento em redes sociais, compras com cartão de crédito, tempo de permanência em páginas de *Internet*, meros registros de acesso a aplicações, informações de geolocalização ou de consumo de energia podem estabelecer parâmetros fidedignos para identificar e traçar perfis consistentes de indivíduos, seus gostos e interesses, seja para direcionar um produto ou serviço, para validar uma contratação profissional, seja para identificar um potencial criminoso.

Importante ressaltar que o indivíduo deve ter direito a controlar o que deseja fazer com seus dados pessoais, decidindo livremente onde disponibilizá-los, sobre o risco que está disposto a correr ao instalar um aplicativo para trabalhar ou divertir-se ao cadastrar-se em uma das muitas mídias sociais disponíveis. O indivíduo tem o direito de se expor, de correr riscos, de aceitar ser monitorado para utilizar um ou outro aplicativo ou plataforma. Pode até aceitar preencher um cadastro para ter um desconto e eventualmente disponibilizar um *e-mail* para ter acesso a um *e-book*.

Entretanto, esse controle deve ser consciente. Não adianta um falso controle, seguido de uma grande desinformação sobre tudo que existe por trás da coleta de dados pessoais, do uso de geolocalização, dos preenchimentos de cadastros para ter acesso a brindes inexistentes, ou de cliques em *links* recebidos sem questionar se é verídico e, até mesmo, ao compartilhar uma informação falsa, sem checar antes. Em suma, é preciso que haja um aculturamento dos indivíduos para que as suas escolhas e decisões sejam conscientes. Eis o grande desafio!

Quando refletimos sobre esse aspecto, imaginamos o motivo pelo qual fornecemos nossos dados pessoais de forma indiscriminada, sem ao menos abalizar o seu efetivo valor diante de outros benefícios que nos são oferecidos. Por exemplo, no caso de um estabelecimento comercial que oferece descontos vinculados ao fornecimento do número do CPF de um consumidor, a pergunta que fica é: será que o titular do dado consegue antever possíveis riscos ao

ASPECTOS GERAIS SOBRE A LEI GERAL DE PROTEÇÃO DE DADOS QUE AS EMPRESAS PRECISAM SABER

fornecer a informação pessoal, para uma tomada de decisão consciente e ativa?[42]

Ao que tudo indica, a resposta será negativa. O cidadão não compreende o cenário completo e nem os riscos aos quais se submete ao ceder seus dados, ou ao clicar que concorda com uma política de privacidade e termos de uso sem ler suas cláusulas. Por outro lado, as empresas não costumam facilitar para que haja esse compreensão; afinal, além do esforço em demonstrar clareza, essa transparência pode prejudicar o objetivo principal que é a coleta de dados, pois poderá não obter êxito se o cidadão estiver consciente do valor de seus dados e dos riscos em cedê-los.

Para que o indivíduo/cidadão/titular esteja no controle dos seus dados pessoais, eles apenas podem ser coletados, tratados, armazenados ou utilizados para qualquer que seja a finalidade se houver uma razão que justifique essa coleta (considerando as bases legais trazidas pela LGPD), que pode ser inclusive o consentimento[43] do titular, sempre considerando que o consentimento deve ser granular. Nesse sentido, deve ser coletado de forma específica para cada finalidade.

No Brasil, a proteção à intimidade e à vida privada está contemplada na Constituição Federal de 1988, em seu art. 5°, X[44], tornando a privacidade um direito fundamental. Adiante, na Carta Magna, destaca-se a inviolabilidade do domicílio e da correspondência. Ressalta-se ainda o Pacto de São José da Costa Rica que entrou em vigor através do Decreto n° 678/1992[45], trazendo a proteção à família e à privacidade, além da dignidade da pessoa humana.

---

42 RODRIGUES, Paula Marques; VIEIRA, Alessandra Borelli. Educação como um dos pilares para a conformidade. In: BLUM, Renato Opice. (coord). *Proteção de Dados desafios e soluções na adequação à Lei.* Rio de Janeiro: Forense, 2020. Edição Kindle. Posição 281/282.

43 Art. 5°, XII, LGPD - Consentimento manifestação livre, informada e inequívoca pela qual o titular concorda com o tratamento de seus dados pessoais para uma finalidade determinada.

44 Art. 5°, X - são invioláveis a intimidade, a vida privada, a honra e a imagem das pessoas, assegurado o direito a indenização pelo dano material ou moral decorrente de sua violação.

45 PERNAMBUCO. *Decreto n° 48.809, de 14 de março de 2020.* Disponível em: <https://www.camara.leg.br/proposicoesWeb/prop_mostrarintegra?codteor=315848>. Acesso em: 14 abr. 2020.

LGPD - LEI GERAL DE PROTEÇÃO DE DADOS: SUA EMPRESA ESTÁ PRONTA?

Importante destacar que, atualmente, há em trâmite uma Proposta de Emenda à Constituição nº 17 de 2019[46] (PEC 17/2019) que objetiva incluir o art. 5º, XII[47], na Carta Magna, promovendo a proteção de dados pessoais, inclusive nos meios digitais à um Direito Fundamental, e fixando a competência privativa da União para legislar sobre proteção e tratamento de dados pessoais.

Resta claro que, independente da legislação específica estar em vigor, há no ordenamento jurídico pátrio diversos diplomas legais capazes de regulamentar e proteger a privacidade e os dados pessoais dos cidadãos (denominados na LGPD como titulares dos dados pessoais). Além da Constituição Federal de 1988, aponta-se o Código de Defesa do Consumidor (Lei 8.078/90), o Código Civil (Lei 10.406/2002), a Lei do cadastro positivo (Lei nº 12.414/2011), Marco Civil da *Internet* (Lei 12.965/2014), entre outras legislações esparsas.

Há algumas ações nesse sentido com a intervenção do Ministério Público, da Secretária Nacional do Consumidor (Senacon), órgão vinculado ao Ministério da Justiça, além do Instituto Brasileiro de Defesa do Consumidor (Idec) que tem atuado ativamente na defesa dos interesses difusos e coletivos vinculados à proteção de dados e à privacidade, analisando vazamentos e incidentes relacionados a estes temas.

Considera-se importante essa breve retrospectiva para que se possa entender, ainda que superficialmente, que há um longo caminho a ser percorrido. Há uma lógica por trás da proteção e um contexto histórico global que poderia ser desdobrado em um livro específico, mas não é o objeto da presente obra. Após essas breves considerações acerca de pontos relevantes preliminares, passaremos a adentrar na legislação propriamente dita.

---

46 BRASIL. Senado Federal. Proposta de Emenda à Constituição. Altera a Constituição Federal para incluir a proteção de dados pessoais entre os direitos e garantias fundamentais e para fixar a competência privativa da União para legislar sobre proteção e tratamento de dados pessoais. Disponível em: <https://www.camara. leg.br/proposicoesWeb/ prop_mostrarintegra?codteor=177 3684&filename= PEC+ 17/2019>. Acesso em: 08 ago. 2020.

47 Adicionando o inciso XXX ao art. 22, CF para destacar que é da União a competência para legislar sobre a matéria de proteção e tratamento de dados pessoais.

III. A LEI GERAL DE PROTEÇÃO DE DADOS

O Brasil realmente precisava de uma legislação específica para regrar o imenso fluxo de dados pessoais que circulava livremente, em especial porque o titular dos dados dificilmente poderia interferir nesse processo de troca, venda e compartilhamento de dados e informações. Ademais, algumas vezes, por falta de informação, o próprio titular concede seus dados pessoais e outras informações pessoais relevantes em situações onde claramente os dados estão sendo utilizados como moeda de troca para obter determinado benefício, e o titular, sem compreender as implicações que essa troca poderia trazer, segue distribuindo seus dados.

Para melhor compreensão acerca da legislação Crespo destaca:

> A LGPD é a lei que regula o tratamento dos dados pessoais nos âmbitos físicos e digitais, com o objetivo de resguardar direitos fundamentais das pessoas físicas, buscando impedir que pessoas jurídicas tratem abusivamente dos dados, violando a privacidade e o livre desenvolvimento das pessoas naturais.[48]

Importante destacar que a LGPD não foi sancionada para dificultar a economia, nem atrapalhar a atividade empresarial, mas para permitir um *"fair game"* através da transparência no trato com o titular dos dados pessoais. Ademais, a legislação será de extrema relevância para regulamentar a maneira com que os dados serão tratados no país e para organizar a transferência internacional, possibilitando maior segurança para o titular e para o próprio negócio. Decerto, ter uma legislação de proteção de dados e de privacidade facilitará o comércio exterior e a receptividade para transacionar com países já adequados, fato que vai elevar o nível de credibilidade do país, possibilitando, no futuro, a transferência mútua de dados sem tantos protocolos.

Entre outras coisas, a LGPD busca auxiliar a entrada do Brasil na OCDE, que "tem como principal missão incentivar o progresso econômico e o comércio mundial. Atualmente, a instituição conta com

---

48 CRESPO, Marcelo. Compliance Digital. In: NOHARA, Irene Patrícia; PEREIRA, Flávio de Leão Bastos. *Governança, compliance e cidadania.* 2ª ed. São Paulo: Thomson Reuters Brasil, 2019. Edição Kindle. Posição 5405.

37 países-membros[49]". De acordo com o secretário Especial de Relacionamento Externo da Casa Civil, Marcelo Barros Gomes, o Governo Federal está totalmente engajado e preparado. Nesse contexto, será de grande valia ter uma Lei de proteção de dados, bem como a entrada do Brasil nesse seleto grupo.

> A entrada do Brasil na OCDE significa vidas melhores para os brasileiros, para o acesso a mais oportunidades de emprego, saúde, educação de qualidade, com serviços públicos mais eficientes e bem-estar para todos. Fortaleceremos certamente a capacidade do governo, do setor privado, da sociedade, de construírem um ambiente produtivo, mais fraterno e mais sustentável, que são os objetivos fundamentais do atual governo[50].

É perceptível que no Brasil não há uma cultura de proteção de dados como na União Europeia, por exemplo. E para que essa mudança ocorra, é necessário que o titular dos dados compreenda a importância de seus dados e o valor que possuem. Ações de conscientização serão imprescindíveis para que os titulares entendam seus direitos. Noutro giro, as empresas precisam internalizar a cultura de privacidade e de proteção de dados sem criar barreiras para o desenvolvimento e construção desse novo ecossistema.

Para avaliar o nível de desinformação sobre a importância e o valor dos dados, basta uma breve reflexão. Quem nunca recebeu um *e-mail* sem conhecer o remetente, ou informou o CPF em uma farmácia para obter desconto? Quem nunca recebeu um *link* através de mensagem e clicou sem pensar duas vezes? Quem nunca preencheu cadastros que prometiam brindes, promoções, ou para baixar *e-books*,

---

49 GOVERNO DO BRASIL. *Brasil recebe aprovação da OCDE de novos instrumentos legais na área de Ciência e Tecnologia.* Disponível em: <https://www.gov.br/pt-br/noticias/educacao-e-pesquisa/2020/07/brasil-recebe-aprovacao-da-ocde-de-novos-instrumentos-legais-na-area-de-ciencia-e-tecnologia>. Acesso em: 12 ago. 2020.

50 GOVERNO DO BRASIL. Brasil recebe aprovação da OCDE de novos instrumentos legais na área de Ciência e Tecnologia. Disponível em: <https://www.gov.br/pt-br/noticias/educacao-e-pesquisa/2020/07/brasil-recebe-aprovacao-da-ocde-de-novos-instrumentos-legais-na-area-de-ciencia-e-tecnologia>. Acesso em: 12 ago. 2020.

ter acesso a palestras, cursos, eventos *online*? Muitas outras soluções para ter acesso aos dados pessoais foram desenvolvidas ao longo dos anos. Quanto mais informação coleta, mais valiosa.

Como visto, a necessidade de uma lei específica sobre proteção de dados pessoais decorre de forma como está sustentado o modelo atual de negócios da sociedade digital, na qual a informação passou a ser a principal moeda de troca utilizada pelos usuários para ter acesso a determinados bens, serviços ou conveniências[51].

Muitas pessoas acham que podem clicar em "concordo" para aceitar as "políticas de privacidade" e os "termos de uso" sem ler, porque supostamente não tem maiores consequências, mas não é bem assim. Nestes documentos constam informações relevantes sobre com quem os dados serão compartilhados, qual o objetivo, por qual período, bem como quais são as condições e regras para utilizar o serviço, suas responsabilidades e obrigações.

Essa conduta do cidadão de ceder seus dados pessoais indiscriminadamente pode trazer inúmeras consequências, inclusive jurídicas. A falta de informação sobre os riscos aos quais se expõe com ações "comuns" como as citadas é alarmante. A falta de percepção acerca do valor dos próprios dados permitiu que, por todo esse tempo, inúmeras empresas e pessoas lucrassem com esse mercado, exceto os proprietários dos dados.

III.1. BOAS PRÁTICAS E O *COMPLIANCE*

Quando se menciona boas práticas em relação ao ambiente digital, pode-se enumerar uma série de condutas capazes de fazer com que uma marca fique com sua imagem fortalecida e goze de uma boa reputação; e se as boas práticas não forem observadas, ocorrerá o inverso. No ambiente físico não é diferente. Atualmente, basta uma foto para que algo que aconteceu no ambiente físico migre para o digital.

---

51 PECK, Patricia; CRESPO, Marcelo. Brasil a um passo de ter sua Lei de Proteção de Dados Pessoais. Disponível em: <https://cio.com.br/brasil-a-um-passo-de-ter-lei-de--protecao-de-dados-pessoais>. Acesso em: 12 ago. 2020.

Os dois ambientes da empresa são indissociáveis e, por isso, ambos devem ter o nível correto de adequação, segurança e respeito aos titulares. E para isso acontecer, é preciso que todas as pessoas que atuam direta ou indiretamente na empresa compreendam a importância do que está sendo realizado. É de suma relevância informação, conscientização e treinamento.

O *Compliance* Digital busca lidar com a atuação da empresa, bem como o tratamento dado às informações no ambiente digital. A finalidade é assegurar que os processos internos e externos, adotados pela organização no meio digital, sejam compatíveis com as leis e regulamentações específicas desse ambiente, essenciais para uma adequada gestão de riscos nas empresas, de forma que seja possível proteger os dados informáticos da sociedade empresária e, consequentemente, de seus executivos, antecipando-se aos problemas e criando um ambiente propício a evitar as ameaças cada vez mais comuns do mundo digital, a exemplo da violação de dados e a implantação de golpes cibernéticos (crimes virtuais e violações de direitos de *software*), que pode representar um impedimento à continuidade da operação na empresa e grandes riscos à saúde financeira da corporação[52].

Na parte da legislação que trata das sanções (art. 52), que será visto adiante, o diploma legal destaca que as sanções serão aplicadas de acordo com as peculiaridades do caso concreto, considerando os parâmetros e critérios; e enumera algumas e entre elas: "IX - a adoção de política de boas práticas e governança". Resta cristalino que, em caso de penalidade, a adoção das políticas supracitadas pode auxiliar a empresa no grau de sanção aplicável.

---

52 ROSA, Ana Paula; SALOMÃO, Soraya; JORDACE, Thiago. Compliance digital e trabalhista: implementação e principais áreas de atuação. In: MELLO, Cleyson de Moraes; MEZZAROBA, Orides; BORBA, Rogério. *Estudos em homenagem ao professor Aurélio Wander Bastos*. Rio de Janeiro: Processo. p. 410-411, 2020.

Contudo, embora pareça algo simples, muitas vezes as boas práticas não são observadas. O bom senso parece inexistir em algumas situações que, embora a conduta esperada pareça óbvia, foge do controle e pode prejudicar na reputação da empresa. Pode-se apontar um caso que ocorreu em fevereiro de 2020 onde uma loja de Porto Velho foi flagrada embalando produtos com currículos de pessoas que buscaram por emprego[53]. O ocorrido ganhou as redes sociais e viralizou[54]. Atualmente, situações que poderiam ficar isoladas no ambiente físico e a uma região específica acabam tendo uma ampla divulgação, e o alcance é imprevisível. Com isso, a reputação da marca/empresa fica abalada.

Percebe-se que o titular de dados pessoais está cada vez mais atento e exigente; condutas equivocadas não passam mais despercebidas. Vídeos, fotos, montagens, memes compartilhados nas mídias sociais causam impacto, positivo ou negativo. A cultura do cancelamento pode ser aplicada a pessoas e empresas. Atualmente, qualquer um pode fazer notícia com um celular na mão. É importante ter essa compreensão. A mudança de cultura começou em meados de 2013 com os escândalos e notícias apontadas anteriormente; e com a legislação em vigor, haverá o impulsionamento dessa mudança.

Em relação à mudança de cultura, as empresas que já possuem um setor de *compliance* terão mais facilidade com a adequação à LGPD. Considerando que já possuem um programa de integridade, haverá um trabalho construído acerca da reputação da empresa no mercado, além da observância às legislações cabíveis e a ética.

> Os programas de conformidade corporativa têm como objetivo garantir que uma empresa observe leis e regulamentos relacionados à sua atuação, mas não se restringe a isso, um programa

---

53 GOMES, Ana Kézia. Loja usa currículos de candidatos para embalar produtos de clientes e gera revolta em internautas. *G1 RO*. Disponível em: <https://g1.globo.com/ro/rondonia/noticia/2020/02/27/loja-usa-curriculos--de-candidatos-para-embalar-produtos-de-clientes-e-gera-revolta-*Internet*.ghtml>. Acesso em: 20 ago. 2020.

54 Viralizar é utilizado para quando algo se dissipa na *Internet* rapidamente como um vírus.

de *compliance* é muito mais abrangente, busca posicionar a empresa perante o mercado através de uma imagem íntegra e ética[55].

O programa de *compliance* auxilia empresas e profissionais a cuidar de aspectos diversos de uma empresa, desde o cumprimento de normas, leis, regulamentações gerais que são parte da sociedade, até normas internas, código de conduta, políticas e regras específicas da própria empresa[56]. O ideal é que, se houver um departamento de *compliance* na empresa, que o *chief compliance officer* (CCO) faça parte do Comitê responsável pela adequação à LGPD. As empresas que já possuem um programa de integridade estão bem encaminhadas. Os pilares de um programa de *compliance*, como visto, são bem-vindos para ajudar a empresa na adequação à legislação. Precisarão, em conjunto com o jurídico, o TI, desenvolver diretrizes, salvaguardas[57], regulamentos, ajustar documentos, melhorar processos internos e externos, conforme determina a LGPD.

Contudo, para ser bem-sucedido nessa empreitada, é preciso mais que "mandar fazer"; é preciso "ser exemplo". As frases conhecidas que afirmam que "o exemplo vem de cima" e que "a palavra convence, mas o exemplo arrasta" demonstram de forma cristalina como é indispensável o apoio total e irrestrito da alta diretoria. Quando se fala de uma mudança de cultura, é preciso "vestir a camisa" da privacidade. Não adianta ter as melhores ferramentas, contratar uma equipe para adequação, criar um Comitê de privacidade engajado, se a alta diretoria não estiver convencida da necessidade da conformidade e do que está sendo feito. Então, o programa não será bem-sucedido.

As boas práticas, através de procedimentos adequados conforme determina a legislação, são imprescindíveis para o sucesso da adequação.

---

55 CANTO DE LIMA, Ana Paula Moraes. O Código de Defesa Do Consumidor e o Decreto e-commerce: como estar em conformidade legal no ambiente digital. In: CRESPO, Marcelo. *Compliance no Direito Digital*. 2.ed. São Paulo: Thomson Reuters Brasil, 2020.

56 CRESPO, Liana Irani Affonso Cunha. Direito Digital e Compliance: pilares do programa e mapeamento de risco. In: CANTO DE LIMA, Ana Paula Moraes; HISSA, Carmina Bezerra; SALDANHA, Paloma Mendes. *Direito Digital:* Debates Contemporâneos. São Paulo: Thomson Reuters - Revista dos Tribunais. 2019. p. 263.

57 É indispensável antecipar riscos, além de criar medidas capazes de prever, minimizar, mitigar e lidar com o ocorrido no caso de situações adversas e não previstas.

Art. 50. Os controladores e operadores, no âmbito de suas competências, pelo tratamento de dados pessoais, individualmente ou por meio de associações, poderão formular regras de boas práticas e de governança que estabeleçam as condições de organização, o regime de funcionamento, os procedimentos, incluindo reclamações e petições de titulares, as normas de segurança, os padrões técnicos, as obrigações específicas para os diversos envolvidos no tratamento, as ações educativas, os mecanismos internos de supervisão e de mitigação de riscos e outros aspectos relacionados ao tratamento de dados pessoais.

§ 1º Ao estabelecer regras de boas práticas, o controlador e o operador levarão em consideração, em relação ao tratamento e aos dados, a natureza, o escopo, a finalidade e a probabilidade e a gravidade dos riscos e dos benefícios decorrentes de tratamento de dados do titular.

Boas práticas impactam quando a empresa não tem maturidade na temática. Um exemplo simples de boas práticas é a política de "mesa limpa e tela limpa", que orienta que o mínimo deve ficar exposto, não deixar desnecessariamente em cima das mesas documentos enquanto vai atender o superior, ou tomar um café, por exemplo. As telas, por sua vez, devem ficar travadas e nunca desprotegidas ao sair da mesa, ainda que por curto período. Também é necessário mudar senhas das máquinas e não mais compartilhá-las, deixar de usar o *post-it* com a senha na tela do *notebook* ou na gaveta (mais comum do que se imagina).

Importante ter atenção ao que for descartado, seja após uma reunião, seja após um dia de trabalho. Documentos relevantes devem ser picotados antes do descarte. No tocante às empresas que possibilitam que os colaboradores usem seu próprio dispositivo, a prática de *Bring Your Own Device* (BYOD) precisa de atenção, conforme se verá adiante.

Entretanto, antes de qualquer política, regimento e qualquer passo à adequação, é preciso contar com o apoio incondicional da alta diretoria nesse percurso de mudança de cultura; afinal, o exemplo e o tom vêm de cima. A expressão *"tone from the top"* deixa claro a quem cabe o exemplo e o sucesso do programa de integridade.

> A expressão *Tone from the Top* (ou *Tone at the Top*) pode ser explicada por "O exemplo vem de cima". O sucesso de um Mecanismo de Integridade e Sistema de *Compliance* estará nas mãos do "número um" da organização (dono, CEO, presidente ou equivalente). Ele precisa, de fato, apoiar, engajar-se, desejar e promover o desdobramento dos pilares em atividades práticas na empresa, tomando para si a responsabilidade de fomentar a comunicação, permeando todos os níveis, a partir do primeiro escalão até alcançar todos os empregados[58].

Além dessa expressão, é possível encontrar nos pilares de um programa de *compliance* alguns procedimentos que podem ser utilizados para colaborar na adequação, como, por exemplo, o *due diligence*[59] pode ser utilizado para que se tenha a devida atenção com o terceiro com quem a empresa compartilha seus dados pessoais; haja vista que, se ele não estiver adequado à LGPD, pode prejudicar todo o trabalho realizado pela empresa.

O mapeamento do risco é indispensável na adequação, bem como monitoramento e auditoria, educação, comunicação e treinamento, e códigos de ética, políticas e procedimentos, entre outros documentos que devem ser criados ou atualizados, e as medidas cabíveis de correção em caso de não observância ao programa.

---

58 COMPLIANCE TOTAL. *Tone from the Top*. Disponível em: <https://www.compliancetotal.com.br/compliance/tone-from-the-top>. Acesso em: 20 ago. 2020.

59 A *Due Diligence* (diligência prévia) é um processo que envolve o estudo, a análise e a avaliação detalhada de informações de determinada organização.
BLB Brasil. *O que é due diligencie?* Disponível em: <https://www.blbbrasil.com.br/blog/due-diligence/>. Acesso em: 20 ago. 2020. Trazendo para o tema debatido, é realizada uma auditoria para verificar se a empresa contratada com quem se compartilha os dados está mantendo um programa de conformidade com a Lei, e assim, não causará problemas à empresa contratante. Essa observação é realizada com o consentimento da empresa, e periodicamente.

Essencial ter em mente que ajustes serão inevitáveis. É preciso compreender que os pilares dessa construção passam por processos, pessoas e tecnologia. A empresa ganhará com a mudança, estará mais organizada, *compliant* com a LGPD e demais legislações que devem ser observadas no seu segmento. Limites e obrigações estarão bem definidos, pautados pela ética e pela integridade. A mudança será percebida pelos clientes, titulares dos dados pessoais e tornar-se-á um diferencial competitivo. Nesse contexto, as boas práticas devem ser observadas por todos que compõem a organização. Um manual que aborde de maneira simples a cultura da empresa pode ser construído de maneira leve, com desenho, ícones, cores, prática conhecida como *Design Thinking*[60]. E a mesma ideia pode ser replicada para os terceiros com os quais a empresa troca dados pessoais de clientes.

III.2. CONHECENDO A LGPD

A Lei Geral de Proteção de Dados é uma lei que promoverá uma mudança de cultura e de comportamento que beneficiará a todos os envolvidos. A legislação é um marco divisor de águas diante de inúmeras ocorrências de invasão de privacidade, de vazamentos divulgados com frequência, e tantos outros artifícios utilizados para lucrar com os dados pessoais que se expandiram exponencialmente. Os dados estruturados transformam-se em informação - um dos principais ativos de qualquer atividade econômica e empresarial. A análise de dados pode ser aplicada lucrativamente a tudo no planeta, e sempre será capaz de apresentar informações relevantes para quem as detém.

A legislação visa promover o respeito, a conscientização para que o titular dos dados tenha ciência do valor dos seus dados e que detenha o poder sobre a sua utilização. Noutro giro, o tratamento deve observar a segurança adequada, dentro dos limites determinados na lei, sempre pautando o tratamento na informação, transparência, boa-fé, entre outros princípios vistos adiante.

---

60 O termo sugere que se pense como um *designer*. Para conhecer mais acesse o conteúdo do SEBRAE. Disponível em: <https://www.sebrae.com.br/sites/PortalSebrae/artigos/design-thinking-inovacao-pela-criacao-de-valor-para-o-cliente,c06e9889ce-11a410VgnVCM1000003b74010aRCRD>. Acesso em: 20 ago. 2020.

A LGPD traz em seu bojo princípios, conceitos, direitos e deveres que devem ser observados sempre que houver tratamento de dados pessoais. A legislação tomou como referência a legislação europeia. Desse fato advém a importância de conhecer a legislação em comento; afinal, havendo eventual necessidade de sanar qualquer questionamento no período em que a Autoridade Nacional de proteção de Dados ainda não estiver constituída, sem dúvidas o RGPD é uma boa fonte de consulta e de orientação. Antes de trazer os principais aspectos da legislação, destacaremos os fundamentos, princípios e conceitos trazidos pela lei.

O art. 1º dispõe sobre o tratamento de dados pessoais, nos meios físicos e digitais, por pessoa natural ou jurídica de direito público ou privado, e tem como objetivo proteger os direitos fundamentais de liberdade e de privacidade e o livre desenvolvimento da personalidade da pessoa natural. "O titular dos dados pessoais está no centro do palco da legislação[61]".

O diploma legal destaca que a lei se aplica a qualquer operação de tratamento realizada por pessoa natural ou por pessoa jurídica de direito público ou privado, independentemente do meio, do país de sua sede ou do país onde estejam localizados os dados. Consideram-se coletados no território nacional os dados pessoais cujo titular nele se encontre no momento da coleta.

Compete à Autoridade Nacional de Proteção de Dados (ANPD) zelar pela proteção de dados pessoais, fiscalizar e aplicar sanções; promover na população o conhecimento das normas e das políticas públicas sobre proteção de dados pessoais e das medidas de segurança regulamentar alguns artigos da legislação; apreciar petições de titular contra controlador após comprovada pelo titular a apresentação de reclamação ao controlador não solucionada no prazo estabelecido, entre outras competências.

Segundo Jimene:

> A ANPD - entanda-se, o órgão da administração pública responsável por zelar, implementar e fiscalizar o cumprimento da lei, conforme definição do art. 5º, inc, XIX, da LGPD – poderá estabelecer

---

61 MALDONADO, Viviane Nóbrega. O titular e a gestão de seus direitos. *Serpro*. Disponível em: <https://www.serpro.gov.br/lgpd/noticias/2020/titular-gestao-direitos-lgpd>. Acesso em: 22. ago. 2020.

ASPECTOS GERAIS SOBRE A LEI GERAL DE PROTEÇÃO DE DADOS QUE AS EMPRESAS PRECISAM SABER

padrões técnicos mínimos para tornar aplicável as medidas de segurança aptas a proteger os dados pessoais de acessos não autorizados e de situações acidentais ou ilícitas de destruição, perda, alteração, comunicação ou qualquer forma de tratamento inadequado ou ilícito[62].

Noutro giro, importante destacar que foi assinado o Decreto nº 10.474, que, conforme se destaca:

aprova a estrutura regimental e o quadro demonstrativo de cargos da ANPD, o que oficialmente estabelece a criação do órgão. O órgão será responsável pela implementação, regulamentação e fiscalização da Lei Geral de Proteção de Dados (LGPD) no Brasil[63].

Com a ANPD será mais fácil fazer com que a legislação seja observada e cumprida. O Decreto foi publicado no Diário Oficial da União dia 27 de agosto de 2020.

O encarregado[64], também chamado de DPO (*Data Protection Officer*), é o responsável pela proteção de dados dentro da empresa e pela comuni-

---

62 JIMENE, Camilla do Vale. Capítulo VII: da segurança e das boas práticas. In: MALDONADO, Viviane Nóbrega. BLUM, Renato Opice. (coord). *LGPD*: Lei Geral de Proteção de Dados. São Paulo: RT, 2019. p. 333.

63 ALECRIM, Emerson. Governo assina decreto que estrutura ANPD para LGPD vigorar. *Tecnoblog*. Disponível em: <https://tecnoblog.net/362532/governo-federal-assina-decreto-estrutura-anpd-lgpd/>. Acesso em: 28 de ago. 2020.

64 Segundo o Art. 41. o controlador deverá indicar encarregado pelo tratamento de dados pessoais. § 1º A identidade e as informações de contato do encarregado deverão ser divulgadas publicamente, de forma clara e objetiva, preferencialmente no sítio eletrônico do controlador. § 2º As atividades do encarregado consistem em: I - aceitar reclamações e comunicações dos titulares, prestar esclarecimentos e adotar providências; II - receber comunicações da autoridade nacional e adotar providências; III - orientar os funcionários e os contratados da entidade a respeito das práticas a serem tomadas em relação à proteção de dados pessoais; e IV - executar as demais atribuições determinadas pelo controlador ou estabelecidas em normas complementares. § 3º A autoridade nacional poderá estabelecer normas complementares sobre a definição e as atribuições do encarregado, inclusive hipóteses de dispensa da necessidade de sua indicação, conforme a natureza e o porte da entidade ou o volume de operações de tratamento de dados.

cação entre o controlador, os titulares dos dados e a Autoridade Nacional de Proteção de Dados (ANPD). O encarregado, de acordo com a lei, deve ter a identidade e as informações de contato divulgadas publicamente de forma clara e objetiva, de preferência no site da empresa. Também cabe ao encarregado conscientizar e orientar os funcionários e os contratados da empresa a respeito das práticas a serem tomadas em relação à proteção de dados pessoais, entre outras responsabilidades. No quadro a seguir é possível ter uma visão do que se aplica e do que não se aplica à LGPD. Observe-se:

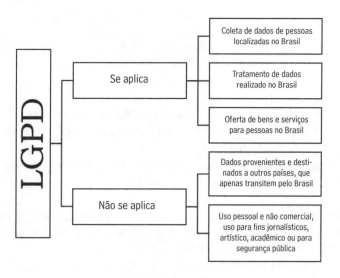

Fonte: Viviane Porto.[65]

Conforme apontado anteriormente, a LGPD não pretende atravancar o desenvolvimento econômico, tecnológico e a inovação, e sim permitir que tais atividades sejam realizadas com respeito aos demais fundamentos e princípios destacados, conferindo a segurança jurídica e econômica esperada para que haja um ambiente mais propício para o desenvolvimento esperado.

---

65 PORTO, Viviane de Araújo. *Descomplicando a Lei Geral de Proteção de Dados*. Goiânia: OM, 2020. p.12.

A livre iniciativa, a livre concorrência e a defesa do consumidor pontuados corroboram a premissa de que a LGPD não busca dificultar o desenvolvimento de qualquer negócio, desde que de maneira legítima e legal. De acordo com o Código de Defesa do Consumidor, diploma legal que promove a defesa do consumidor, em seu art. 4º, III, já prezava pela transparência e harmonia das relações de consumo, destacando a harmonização dos interesses dos participantes das relações de consumo, compatibilizando a proteção do consumidor com a necessidade de desenvolvimento econômico e tecnológico de modo a viabilizar os princípios nos quais se funda a ordem econômica (art. 170, da Constituição Federal), sempre com base na boa-fé e equilíbrio nas relações entre consumidores e fornecedores. O mesmo preceito pode ser aplicado à LGPD.

Conceitos trazidos pela legislação que precisam ser conhecidos:

Dado pessoal: informação relacionada a pessoa natural identificada ou identificável.

Dado pessoal sensível: dado pessoal sobre origem racial ou étnica, convicção religiosa, opinião política, filiação a sindicato ou a organização de caráter religioso, filosófico ou político, dado referente à saúde ou à vida sexual, dado genético ou biométrico, quando vinculado a uma pessoa natural.

Dado anonimizado: dado relativo a titular que não possa ser identificado, considerando a utilização de meios técnicos razoáveis e disponíveis na ocasião de seu tratamento.

Banco de dados: conjunto estruturado de dados pessoais estabelecido em um ou em vários locais, em suporte eletrônico ou físico.

Titular: pessoa natural a quem se referem os dados pessoais que são objeto de tratamento.

Controlador: pessoa natural ou jurídica, de direito público ou privado, a quem competem as decisões referentes ao tratamento de dados pessoais.

Operador: pessoa natural ou jurídica, de direito público ou privado, que realiza o tratamento de dados pessoais em nome do controlador.

LGPD - LEI GERAL DE PROTEÇÃO DE DADOS: SUA EMPRESA ESTÁ PRONTA?

Encarregado: pessoa indicada pelo controlador e operador para atuar como canal de comunicação entre o controlador, os titulares dos dados e a Autoridade Nacional de Proteção de Dados (ANPD).

Agentes de tratamento: o controlador e o operador.

Tratamento: toda operação realizada com dados pessoais, como as que se referem à coleta, produção, recepção, classificação, utilização, acesso, reprodução, transmissão, distribuição, processamento, arquivamento, armazenamento, eliminação, avaliação ou controle da informação, modificação, comunicação, transferência, difusão ou extração.

Anonimização: utilização de meios técnicos razoáveis e disponíveis no momento do tratamento, por meio dos quais um dado perde a possibilidade de associação, direta ou indireta, a um indivíduo.

Consentimento: manifestação livre, informada e inequívoca pela qual o titular concorda com o tratamento de seus dados pessoais para uma finalidade determinada.

Bloqueio: suspensão temporária de qualquer operação de tratamento, mediante guarda do dado pessoal ou do banco de dados.

Eliminação: exclusão de dado ou de conjunto de dados armazenados em banco de dados, independentemente do procedimento empregado.

Transferência internacional de dados: transferência de dados pessoais para país estrangeiro ou organismo internacional do qual o país seja membro.

Uso compartilhado de dados: comunicação, difusão, transferência internacional, interconexão de dados pessoais ou tratamento compartilhado de bancos de dados pessoais por órgãos e entidades públicos no cumprimento de suas competências legais, ou entre esses e entes privados, reciprocamente, com autorização específica para uma ou mais modalidades de tratamento permitidas por esses entes públicos, ou entre entes privados.

Relatório de impacto à proteção de dados pessoais: documentação do controlador que contém a descrição dos processos de tratamento de dados pessoais que podem gerar riscos às liberdades civis e aos direitos fundamentais, bem como medidas, salvaguardas e mecanismos de mitigação de risco.

> **Órgão de pesquisa:** órgão ou entidade da administração pública direta ou indireta ou pessoa jurídica de direito privado sem fins lucrativos legalmente constituída sob as leis brasileiras, com sede e foro no País, que inclua em sua missão institucional ou em seu objetivo social ou estatutário a pesquisa básica ou aplicada de caráter histórico, científico, tecnológico ou estatístico.

> **Autoridade nacional:** órgão da administração pública responsável por zelar, implementar e fiscalizar o cumprimento desta Lei em todo o território nacional.

A autodeterminação informativa "é o controle pessoal sobre o trânsito de dados relativo ao próprio titular[66]", ou seja, é o poder do titular em relação aos seus dados; é a liberdade de escolha para decidir como deseja utilizar os próprios dados. No que tange à liberdade de expressão, de informação, de comunicação e de opinião, tais direitos não são absolutos e devem ser sopesados diante de colisão de direitos, considerando o caso concreto, bem como devem observar o ordenamento jurídico, os direitos humanos (inclusive é um dos fundamentos da LGPD) e os demais fundamentos relacionados.

Os princípios são os alicerces da norma. Pode-se dizer que é a alma da legislação, a essência que deve ser observada na sua aplicação. Na LGPD, além do princípio da boa-fé, outros nove princípios norteiam o tratamento de dados pessoais. Importante destacar que os princípios trazidos pela legislação devem ser observados por todos os envolvidos no tratamento de dados, sendo indispensável tal observância para os agentes de tratamento. Conforme o art. 6º, LGPD, as atividades de tratamento de dados pessoais deverão observar a boa-fé e os princípios supracitados. Destarte, também, podem ser localizados entre os que regem as relações consumeristas[67].

---

66 VAINZOF, Rony. Capítulo I - Disposição preliminares. In: MALDONADO, Viviane Nóbrega; BLUM, Renato Opice. (coord). *LGPD*: Lei geral de proteção de dados comentada. São Paulo: RT, 2019. p. 19-135. p. 27.

67 SOUZA, Sylvio Capanema de; WERNER, José Guilherme Vasi; NEVES, Thiago Ferreira Cardoso. *Direito do consumidor*. Rio de Janeiro: Forense, 2018. p. 32.

Os princípios trazidos pela legislação precisam ser conhecidos, visto que são eles o espírito e a essência da Lei, começando com o princípio da "finalidade" que é a realização do tratamento para propósitos legítimos, específicos, explícitos e informados ao titular, sem possibilidade de tratamento posterior de forma incompatível com essas finalidades; o da "adequação", que destaca a compatibilidade do tratamento com as finalidades informadas ao titular, de acordo com o contexto do tratamento; o princípio da "necessidade" que impõe a limitação do tratamento ao mínimo necessário para a realização de suas finalidades, com abrangência dos dados pertinentes, proporcionais e não excessivos em relação às finalidades do tratamento de dados.

Outro princípio de suma relevância é o do "livre acesso" que garante aos titulares a consulta facilitada e gratuita sobre a forma e a duração do tratamento, assim como sobre a integralidade de seus dados pessoais. O que trata da "qualidade dos dados" garante aos titulares a exatidão, clareza, relevância e atualização dos dados, de acordo com a necessidade e para o cumprimento da finalidade de seu tratamento.

Destaca-se ainda o princípio da "transparência" que garante aos titulares informações claras, precisas e facilmente acessíveis sobre a realização do tratamento e os respectivos agentes de tratamento, observados os segredos comercial e industrial. Outro princípio muito relevante é o da "segurança" que destaca que deve haver utilização de medidas técnicas e administrativas aptas a proteger os dados pessoais de acessos não autorizados e de situações acidentais ou ilícitas de destruição, perda, alteração, comunicação ou difusão. O princípio da "prevenção" salienta que é necessária a adoção de medidas para prevenir a ocorrência de danos em virtude do tratamento de dados pessoais.

E, por fim, os últimos princípios são o da "não discriminação", destacando a impossibilidade de realização do tratamento para fins discriminatórios ilícitos ou abusivos, e o princípio da "responsabilização e prestação de contas" que aponta a necessidade de demonstração pelo agente da adoção de medidas eficazes e capazes de comprovar a observância e o cumprimento das normas de proteção de dados pessoais e, inclusive, da eficácia dessas medidas.

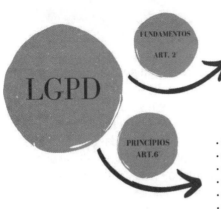

LGPD

FUNDAMENTOS ART. 2
- o respeito à privacidade;
- a autodeterminação informativa;
- a liberdade de expressão, informação, comunicação e opinião;
- a inviolabilidade da intimidade, da honra e da imagem;
- o desenvolvimento econômico e tecnológico e a inovação;
- a livre iniciativa, a livre concorrência e a defesa do consumidor; e
- os direitos humanos, o livre desenvolvimento da personalidade, a dignidade e o exercício da cidadania pelas pessoas naturais.

PRINCÍPIOS ART. 6
- finalidade
- adequação
- necessidade
- livre acesso
- qualidade dos dados
- transparência
- segurança
- prevenção
- não-discriminação
- responsabilização e prestação de contas

LGPD

HIPÓTESES DE TRATAMENTO ART. 7
- consentimento
- cumprimento de obrigação legal ou regulatória
- execução de políticas públicas
- realização de estudos por órgão de pesquisa
- execução de contrato
- exercício regular de direitos em processos
- proteção da vida ou da incolumidade física
- para tutela da saúde
- legítimo interesse
- proteção do crédito

DIREITOS DOS TITULARES ART. 18 E 20
- confirmação da existência de tratamento;
- acesso aos dados;
- correção de dados incompletos, inexatos ou desatualizados;
- anonimização, bloqueio ou eliminação de dados desnecessários, excessivos ou tratados em desconformidade com a Lei;
- portabilidade dos dados a outro fornecedor de serviço ou produto, mediante requisição expressa, de acordo com a regulamentação da autoridade nacional;
- eliminação dos dados pessoais tratados com o consentimento do titular, exceto nas hipóteses definidas no art.16.
- informação das entidades públicas e privadas com as quais o controlador realizou uso compartilhado de dados;
- informação sobre a possibilidade de não fornecer consentimento sobre as consequências;
- revogação do consentimento;
- direito de peticionar em relação aos seus dados contra o controlador perante a ANPD;
- direito de se opor das hipóteses de dispensa de consentimento, em caso de descumprimento ao disposto nesta Lei.
- direito a solicitar a revisão de decisões tomadas unicamente com base em tratamento automatizado de dados pessoais que afetem seus interesses.

Fonte: elaborado pela autora.

Importante destacar o art. 64, LGPD que aduz "os direitos e princípios expressos nesta Lei não excluem outros previstos no ordenamento jurídico pátrio relacionados à matéria ou nos tratados internacionais em que a República Federativa do Brasil seja parte". No que se refere ao diploma legal, necessário ter em vista os fundamentos, objetivos e princípios apresentados na lei e o que significam.

É de suma relevância preparar-se para as demandas trazidas pelos direitos dos titulares, como, por exemplo, a requisição do titular visando confirmar a existência do tratamento, ou mesmo, buscando correção de seus dados pessoais; importante responder no prazo determinado pela legislação. A resposta mediante requisição do titular deverá ser providenciada imediatamente em formato simplificado ou por meio de declaração clara e completa que indique a origem dos dados, a inexistência de registro, os critérios utilizados e a finalidade do tratamento, observados os segredos comercial e industrial, que deverão ser fornecidos no prazo de até 15 dias, contado da data do requerimento do titular.

De suma relevância é certificar-se acerca da identidade de quem está solicitando as informações. Verificar que realmente se trata do titular antes de passar informações, sob pena de estar promovendo um incidente de segurança, além de guardar as requisições atendidas. As solicitações devem ser atendidas sem custos para o titular nos prazos e nos termos previstos na legislação. A requisição do titular deve trazer às empresas reflexões acerca do canal para viabilizar o atendimento às solicitações. Os dados devem estar bem mapeados para possibilitar a resposta aos questionamentos de maneira simples e rápida.

Se houver um incidente de segurança que possa acarretar risco ou dano relevante aos titulares, o Art. 48[68] destaca que o controlador

---

68 Conforme o Art. 48, o controlador deverá comunicar à autoridade nacional e ao titular a ocorrência de incidente de segurança que possa acarretar risco ou dano relevante aos titulares. § 1º A comunicação será feita em prazo razoável, conforme definido pela autoridade nacional, e deverá mencionar, no mínimo: I - a descrição da natureza dos dados pessoais afetados; II - as informações sobre os titulares envolvidos; III - a indicação das medidas técnicas e de segurança utilizadas para a proteção dos dados, observados os segredos comercial e industrial; IV - os riscos relacionados ao incidente; V - os motivos da demora, no caso de a comunicação não ter sido imediata; e VI - as medidas que foram ou que serão adotadas para reverter ou mitigar os efeitos do prejuízo. § 2º A autoridade nacional verificará a gravidade do incidente e poderá, caso necessário para a salvaguarda dos direitos dos titulares, determinar ao controlador a adoção de providências, tais como: I - ampla divulgação do fato em meios de comunicação; e II - medidas para reverter ou mitigar os efeitos do incidente. § 3º

deverá comunicar à autoridade nacional e ao titular acerca da ocorrência. No caso de requisição expressa de portabilidade[69] dos dados pessoais a outro fornecedor, destaca-se que[70] não inclui dados que já tenham sido anonimizados[71] pelo controlador. A eliminação dos dados pessoais tratados com o consentimento do titular é um direito do titular e, por sua vez, se não houver outra base legal que justifique a manutenção do dado pessoal, e se não se enquadrar nas exceções do art. 16 que determinam que os dados pessoais poderão ser mantidos para as finalidades de cumprimento de obrigação legal ou regulatória pelo controlador; para estudo por órgão de pesquisa, garantida, sempre que possível, a anonimização dos dados pessoais; transferência a terceiro, desde que respeitados os requisitos de tratamento de dados dispostos na Lei; ou uso exclusivo do controlador, vedado seu acesso por terceiro, e desde que anonimizados os dados.

Importante destacar que o armazenamento já é considerado tratamento e que o consentimento do titular a qualquer momento poderá ser revogado, sendo indicado que outra hipótese de tratamento seja priorizada. Ademais, o titular pode se opor ao tratamento realizado com fundamento em uma das hipóteses de dispensa de consentimento, em caso de descumprimento ao disposto na Lei.

Além dos dados sensíveis que possuem uma proteção especial, o tratamento de dados pessoais de crianças e de adolescentes deverá ser realizado pensando no melhor interesse destes, conforme destaca a lei. Ademais, precisam de um tratamento diferenciado, no tocante ao consentimento, que deve ser de forma específica e em destaque. Essa autorização deve ser

---

No juízo de gravidade do incidente, será avaliada eventual comprovação de que foram adotadas medidas técnicas adequadas que tornem os dados pessoais afetados ininteligíveis, no âmbito e nos limites técnicos de seus serviços, para terceiros não autorizados a acessá-los.

69 Segundo o art. 40, a autoridade nacional poderá dispor sobre padrões de interoperabilidade para fins de portabilidade, livre acesso aos dados e segurança, assim como sobre o tempo de guarda dos registros, tendo em vista especialmente a necessidade e a transparência.

70 Segundo o art. 40, a autoridade nacional poderá dispor sobre padrões de interoperabilidade para fins de portabilidade, livre acesso aos dados e segurança, assim como sobre o tempo de guarda dos registros, tendo em vista especialmente a necessidade e a transparência.

71 Anonimização é um processo pelo qual o dado pessoal perde sua capacidade de identificar o titular.

LGPD - LEI GERAL DE PROTEÇÃO DE DADOS: SUA EMPRESA ESTÁ PRONTA?

concedida pelo menos por um dos pais ou pelo responsável legal e arquivada para eventual necessidade de demonstração posterior. Os dados sem consentimento só poderão ser coletados "quando a coleta for necessária para contatar os pais ou o responsável legal, utilizados uma única vez e sem armazenamento, ou para sua proteção, e em nenhum caso poderão ser repassados a terceiro sem o consentimento[72]."

Em relação às hipóteses de tratamento previstas na lei, importante destacar que, a depender do relacionamento com o titular, as bases legais utilizadas podem mudar, por exemplo, o tratamento relacionado com colaboradores da empresa e também estão protegidas pela legislação. E a depender do que esteja sendo tratado, a base legal adequada mudará. Por exemplo, é possível em uma relação de emprego usar a hipótese de tratamento relacionada ao consentimento para a divulgação de uma foto; já a base legal que trata do contrato de trabalho é a "execução de contrato". Há ainda o "cumprimento de obrigação legal ou regulatória pelo controlador" em caso de tratamento para fins de atender às normas/leis que são de observância obrigatória dos empregadores, entre outras possibilidades, como em caso de demanda judicial, que a mais indicada seria "exercício regular

---

72 Art. 14. O tratamento de dados pessoais de crianças e de adolescentes deverá ser realizado em seu melhor interesse, nos termos deste artigo e da legislação pertinente.§1º O tratamento de dados pessoais de crianças deverá ser realizado com o consentimento específico e em destaque dado por pelo menos um dos pais ou pelo responsável legal.§ 2º No tratamento de dados de que trata o § 1º deste artigo, os controladores deverão manter pública a informação sobre os tipos de dados coletados, a forma de sua utilização e os procedimentos para o exercício dos direitos a que se refere o art. 18 desta Lei.§ 3º Poderão ser coletados dados pessoais de crianças sem o consentimento a que se refere o § 1º deste artigo quando a coleta for necessária para contatar os pais ou o responsável legal, utilizados uma única vez e sem armazenamento, ou para sua proteção, e em nenhum caso poderão ser repassados a terceiro sem o consentimento de que trata o § 1º deste artigo.§ 4º Os controladores não deverão condicionar a participação dos titulares de que trata o § 1º deste artigo em jogos, aplicações de internet ou outras atividades ao fornecimento de informações pessoais além das estritamente necessárias à atividade.§5º O controlador deve realizar todos os esforços razoáveis para verificar que o consentimento a que se refere o § 1º deste artigo foi dado pelo responsável pela criança, consideradas as tecnologias disponíveis.§ 6º As informações sobre o tratamento de dados referidas neste artigo deverão ser fornecidas de maneira simples, clara e acessível, consideradas as características físico-motoras, perceptivas, sensoriais, intelectuais e mentais do usuário, com uso de recursos audiovisuais quando adequado, de forma a proporcionar a informação necessária aos pais ou ao responsável legal e adequada ao entendimento da criança.

de direitos em processo judicial, administrativo ou arbitral". As possibilidades de usos de bases legais diferentes dependem do caso concreto e não se exaurem nesses exemplos.

Entre as hipóteses de tratamento, os interesses legítimos do controlador ou de terceiro quando utilizado indistintamente pode causar prejuízos. Quem não compreende bem a lógica da legislação e de como o GDPR manifestou-se em relação a essa hipótese, pode tentar usá-la para qualquer finalidade. Ocorre que, assim como o consentimento, essa é uma base legal que, se possível, deve ser evitada; afinal, o seu uso depende de uma análise do legítimo interesse e a justificativa deve ser razoável para o uso, que vai além de mero interesse do controlador.

Na legislação europeia, por exemplo, há necessidade de uma avaliação prévia que seja capaz de justificar e fundamentar a utilização da hipótese de interesse legítimo. Para isso realiza-se o LIA (*Legitimate Interests Assessment*), que coloca de forma estruturada e documentada o teste em três partes que se recomenda ao avaliar a adequação do interesse legítimo: o propósito (*purpose test*) do tratamento, a necessidade (*necessity test*) é realmente necessário?, e o balanceamento (*balancing test*) impacto nos direitos e liberdades dos titulares. Deve-se ter em consideração que o LIA terá de ser aprovado ou rejeitado pelo DPO (encarregado)[73].

Outro ponto relevante a ser destacado da legislação são os dados sensíveis[74]. Há vedação ao tratamento para execução de contrato,

---

73 JUNIOR, Marcílio Braz. Das etapas de elaboração de um DPIA. *Jota*. <https://www.jota.info/wp-login.php?redirect_to=%2F%2Fwww.jota.info%2Fopiniao-e-analise%2Fartigos%2Fdas-etapas-de-elaboracao-de-um-dpia-27042019> Acesso em: 20 ago. 2020.

74 A legislação aponta como sendo o dado pessoal sobre origem racial ou étnica, convicção religiosa, opinião política, filiação a sindicato ou a organização de caráter religioso, filosófico ou político, dado referente à saúde ou à vida sexual, dado genético ou biométrico, quando vinculado a uma pessoa natural; Segundo o art. 11, o tratamento de dados pessoais sensíveis somente poderá ocorrer nas seguintes hipóteses: I - quando o titular ou seu responsável legal consentir, de forma específica e destacada, para finalidades específicas; II - sem fornecimento de consentimento do titular, nas hipóteses em que for indispensável para: a) cumprimento de obrigação legal ou regulatória pelo controlador; b) tratamento compartilhado de dados necessários à execução, pela administração pública, de políticas públicas previstas em leis ou regulamentos; c) realização de estudos por órgão de pesquisa, garantida, sempre que possível, a anonimização dos dados pessoais sensíveis; d) exercício regular de direitos, inclusive em contrato e em processo judicial, administrativo e arbitral, este último nos termos da Lei nº 9.307, de 23 de setembro de 1996 (Lei de Arbitragem) ; e) proteção da vida ou da incolumidade física do titular ou de terceiro; (...)

com base em interesses legítimos e para proteção ao crédito. E, em caso do uso do consentimento, este deve ser realizado de forma específica e destacada para finalidades específicas.

No tocante à transferência internacional com base no consentimento, além de ser uma hipótese frágil, pois, conforme dito, pode ser revogada a qualquer momento, nesse caso, para ser legítima, precisa observar as determinações legais no que diz respeito às informações prévias sobre a transferência internacional e de forma específica, determinando a finalidade.

Em que pese esteja entre as possibilidades de permissão de transferência internacional de dados, importante destacar o art. 33, VIII, LGPD:

> Art. 33. A transferência internacional de dados pessoais somente é permitida nos seguintes casos:
> (...)
> VIII. Quando o titular tiver fornecido o seu consentimento específico e em destaque para a transferência, com informação prévia sobre o caráter internacional da operação, distinguindo claramente esta de outras finalidades.

Ressalta-se que a LGPD tem alcance extraterritorial[75], ou seja, há efeitos internacionais na medida em que se aplica também aos dados que sejam tratados fora do Brasil, desde que a coleta tenha ocorrido em território nacional, ou por oferta de produto ou serviço para indivíduos no território nacional ou que estivessem no Brasil. Na legislação, o tema consta nos artigos 33 ao 36[76]:

---

75 PINHEIRO, Patrícia Peck. *Proteção de Dados Pessoais:* comentários à Lei n° 13.709/2018 (LGPD). 2.ed. São Paulo: Saraiva Educação, 2020. p. 40.

76 Conforme o Art. 33, a transferência internacional de dados pessoais somente é permitida nos seguintes casos: I - para países ou organismos internacionais que proporcionem grau de proteção de dados pessoais adequado ao previsto nesta Lei; II - quando o controlador oferecer e comprovar garantias de cumprimento dos princípios, dos direitos do titular e do regime de proteção de dados previstos nesta Lei, na forma de: a) cláusulas contratuais específicas para determinada transferência; b) cláusulas-padrão contratuais; c) normas corporativas globais; d) selos, certificados e códigos de conduta regularmente emitidos; III - quando a transferência for necessária para a cooperação jurídica internacional entre órgãos públicos de inteligência, de investigação e de persecução, de acordo com os instrumentos de direito internacional; IV - quando a transferência for necessária para a proteção da vida ou da

São exemplos de atividades que, comumente, podem envolver transferência internacional de dados:

- Compartilhamento de base de dados de RH entre empresas do mesmo grupo (matriz-filial);
- Armazenamento de dados em *data centers* fisicamente localizados no exterior;
- Terceirização de serviço de atendimento ao consumidor;
- Contratação de provedor de computação em serviço de nuvem estrangeiro;
- Contratação de provedor de *e-mail* estrangeiro.[77]

No tocante às sanções, é importante destacar que a aplicação de multa simples é de até 2% do faturamento da pessoa jurídica de direito privado, grupo ou conglomerado no Brasil no seu último exercício, excluídos os tributos, limitada, no total, a R$ 50.000.000,00 por infração e diária observando esse limite, além de advertência, suspensão da atividade de tratamento, eliminação dos dados pessoais, bloqueio dos dados, publicização da infração, e demais sanções administrativas destacadas no art. 52[78] da LGPD a serem aplicadas pela Autoridade Nacional de Proteção de

incolumidade física do titular ou de terceiro; V - quando a autoridade nacional autorizar a transferência; VI - quando a transferência resultar em compromisso assumido em acordo de cooperação internacional; VII - quando a transferência for necessária para a execução de política pública ou atribuição legal do serviço público, sendo dada publicidade nos termos do inciso I do caput do art. 23 desta Lei; VIII - quando o titular tiver fornecido o seu consentimento específico e em destaque para a transferência, com informação prévia sobre o caráter internacional da operação, distinguindo claramente esta de outras finalidades; ou IX - quando necessário para atender as hipóteses previstas nos incisos II, V e VI do art. 7º desta Lei. Parágrafo único. Para os fins do inciso I deste artigo, as pessoas jurídicas de direito público referidas no parágrafo único do art. 1º da Lei nº 12.527, de 18 de novembro de 2011 (Lei de Acesso à Informação), no âmbito de suas competências legais, e responsáveis, no âmbito de suas atividades, poderão requerer à autoridade nacional a avaliação do nível de proteção a dados pessoais conferido por país ou organismo internacional.

77 CHAVES, Luiz Fernando Prado Chaves. Da transferência internacional de dados. In: MALDONADO, Viviane Nóbrega; OPICE BLUM, Renato. *LGPD*: Lei Geral de Proteção de Dados. São Paulo: Revista dos Tribunais, 2019.

78 Art. 52. Os agentes de tratamento de dados, em razão das infrações cometidas às normas previstas nesta Lei, ficam sujeitos às seguintes sanções administrativas aplicáveis

Dados (ANPD). De suma relevância destacar que a aplicação das sanções previstas na Lei não impede que o titular dos dados busque o judiciário.

Na aplicação da sanção serão considerados os seguintes parâmetros e critérios:

» a gravidade e a natureza das infrações;
» a boa-fé do infrator;
» a vantagem auferida ou pretendida pelo infrator;
» a condição econômica do infrator;
» a reincidência;
» o grau do dano;
» a cooperação do infrator;
» a adoção de mecanismos e procedimentos capazes de minimizar o dano;
» a adoção de política de boas práticas e governança;
» a pronta adoção de medidas corretivas;
» a proporcionalidade entre a gravidade da falta e a intensidade da sanção.

Uma dica em relação às sanções é acompanhar como têm se comportado as autoridades nos países da União Europeia, no *site*

---

pela autoridade nacional: (Vigência) I - advertência, com indicação de prazo para adoção de medidas corretivas; II - multa simples, de até 2% (dois por cento) do faturamento da pessoa jurídica de direito privado, grupo ou conglomerado no Brasil no seu último exercício, excluídos os tributos, limitada, no total, a R$ 50.000.000,00 (cinquenta milhões de reais) por infração; III - multa diária, observado o limite total a que se refere o inciso II; IV - publicização da infração após devidamente apurada e confirmada a sua ocorrência; V - bloqueio dos dados pessoais a que se refere a infração até a sua regularização; VI - eliminação dos dados pessoais a que se refere a infração; VII, VIII , IX, X, XI e XII vetados. X - suspensão parcial do funcionamento do banco de dados a que se refere a infração pelo período máximo de 6 (seis) meses, prorrogável por igual período, até a regularização da atividade de tratamento pelo controlador; (Incluído pela Lei n° 13.853, de 2019); XI - suspensão do exercício da atividade de tratamento dos dados pessoais a que se refere a infração pelo período máximo de 6 (seis) meses, prorrogável por igual período; (Incluído pela Lei n° 13.853, de 2019); XII - proibição parcial ou total do exercício de atividades relacionadas a tratamento de dados. (Incluído pela Lei n° 13.853, de 2019).

GDPR *Enforcement Tracker*[79] é possível verificar as multas e as razões de sua aplicação. Interessante perceber que a inobservância aos princípios da legislação por exemplo é causa de multa, bem como o uso incorreto da base legal, entre tantas outras questões. Vale acessar o *site*!

IV. POR ONDE COMEÇAR?

Quando se pensa em um projeto de adequação, a primeira pergunta feita é por onde começar? Muitas pessoas indicam às empresas uma reunião conhecida como *kick off meeting*, momento simbólico para dar conhecimento amplo acerca da LGPD e dar o *start* no programa de adequação. Na reunião todos da empresa ficarão cientes da importância da legislação, dos reflexos na empresa, bem como da mudança que será vista a seguir.

Após esse primeiro contato de todos da empresa com a temática, é preciso começar a parte prática sem prejuízo da teórica. Paralelamente, é importante realizar treinamentos e cursos. Também é interessante que exercícios, cartilhas e manuais sejam disponibilizados.

A legislação esclarece que o controlador deve implementar um programa de governança em privacidade que, no mínimo, demonstre o comprometimento do controlador em adotar processos e políticas internas que assegurem o cumprimento, de forma abrangente, de normas e boas práticas relativas à proteção de dados pessoais.

Importante considerar que não adianta apenas adequar a empresa à legislação. Tão relevante quanto é poder comprovar todos os processos e procedimentos realizados no programa de governança em privacidade, lembrando que o ônus da prova cabe à empresa. Então, é preciso guardar documentos que comprovem tudo que a empresa está fazendo; todos os esforços voltados à adequação; o que significa ter registro de reuniões, treinamentos, cursos, além de ter controle acerca das informações dos titulares, para prontamente poder responder à eventual solicitação. O gerenciamento de *logs*, documentos e solicitações também será um ponto a ser observado.

---

79 O rastreia a execução de multas do GDPR e contém uma lista e uma visão geral das multas e penalidades que as autoridades de proteção de dados da UE impuseram de acordo com o Regulamento Geral de Proteção de Dados da EU. *GDPR Enforcement Tracker*. Disponível em: <https://www.enforcementtracker.com/>. Acesso em: 20 ago. 2020.

Isso posto, e considerando que no caminho à adequação é possível descobrir necessidades específicas que devem ser tratadas de maneira diferenciada - afinal, não há um formato padrão à adequação -, as etapas variam conforme o *core business* da empresa, e de acordo com o volume de dados, tamanho da empresa, apetite de risco, ferramentas disponíveis, interesse e possibilidade de investir, entre tantas outras variáveis.

Considera-se que não há uma fórmula pronta para que a LGPD seja implementada nas empresas. Contudo, visando dar um norte, apresenta-se um diagrama básico que pode ser ajustado e ampliado de acordo com a realidade e os interesses da empresa, de acordo com sua área de atuação.

Inicialmente, importante destacar que é possível que sejam utilizados os termos usuário/consumidor e titular. Então, se qualquer uma dessas palavras for utilizada, imediatamente deverá ser relacionada a uma pessoa natural, que resta protegida pela LGPD. Nesse percurso, é importante não perder de vista que os pilares que sustentam o programa de adequação à LGPD são os processos, pessoas e as ferramentas, mesmo pilares da gestão de risco, lembrando que pessoas sempre serão o elo mais fraco nessa equação por isso precisam ser treinadas sempre. Não apenas no início, mas periodicamente.

Reitera-se a necessidade de conhecer as decisões e os posicionamentos provenientes da legislação europeia por possuir mais maturidade no tema. Nesse sentido, encontra-se apta a mostrar caminhos e soluções para quem está iniciando ou aprofundando-se nessa seara.

Por fim, tão importante quanto adequar a própria empresa, é saber se os terceiros com quem a empresa se relaciona estão adequados. Isso implica que a empresa controladora dos dados deverá deixar claro para fornecedores, terceirizados e prestadores de serviço com quem a empresa compartilha dados pessoais que eles também deverão se adequar; afinal, são operadores. Essa reação em cadeia é indispensável. Caso o parceiro não entenda essa necessidade, sua postura poderá determinar a rescisão contratual. Importante que todos sejam informados por *e-mail* acerca dessa necessidade com prazo para cumprimento da obrigação legal. Não basta comunicar, é preciso verificar.

Seguiremos de maneira mais prática com o intuito de colaborar para a compreensão desse *roadmap* mínimo, que levará a empresa à adequação.

PRINCIPAIS ETAPAS À ADEQUAÇÃO

KICKOFF MEETING → CRIAÇÃO COMITÊS → ENTREVISTAS → MAPEAMENTO → ANÁLISE E DESCARTE → AJUSTES ÀS BASE LEGAIS

[TREINAMENTO]

DOCS. DVERSOS

[TREINAMENTO]

ESCOPO REGULATÓRIO/ JURÍDICO

- LEIS ORDINÁRIAS
- LEIS SETORIAIS
- OUTROS REGULAMENTOS CABÍVEIS
- NOVOS CONTRATOS
- MODELOS DE RESPOSTA AO TITULAR E À ANPD

INTERNOS

- REVISÃO DE ANTIGOS CONTRATOS (COLABORADORES.CLIENTES TERCEIROS)
- CRIAÇÃO DE POLÍTICAS DE PRIVACIDADE
- CÓDIGO DE CONDUTA
- NORMAS TÉCNICAS (EX: ISO)
- PLANO DE RESPOSTA A INCIDENTES E DEMAIS COMUNICADOS
- RELATÓRIO DE IMPACTO
- REGISTROS PERTINENTES

EXTERNOS

- POLÍTICA DE COOKIES
- AVISO DE PRIVACIDADE
- TERMOS DE USO
- INFORMAÇÕES SOBRE CONTROLADOR E DPO CONFORME LEI

FERRAMENTAS

- DATA DISCOVERY
- GERENCIAMENTO DE LOGS
- GERENCIAMENTO DE CONSENTIMENTO
- FERRAMENTAS DE SEGURANÇA DA INFORMAÇÃO

[REVISÃO CONSTANTE]

Fonte: elaborado pela autora.

LGPD - LEI GERAL DE PROTEÇÃO DE DADOS: SUA EMPRESA ESTÁ PRONTA?

Resta claro que o esquema descrito pode servir como *guidelines* à adequação; contudo, é indispensável que haja profissionais engajados capazes de personalizar cada etapa da adequação aos interesses da empresa. Por óbvio, cada setor deve ter seu treinamento específico. Sem intenção de esgotar as etapas de adequação, sinalizam-se as mais relevantes, sem prejuízo de outras que podem ser incorporadas; o excesso de zelo será um diferencial.

V. SEGUINDO O DIAGRAMA PROPOSTO

Conforme se percebe no diagrama proposto, após o *kick off meeting*, é preciso realizar entrevistas para compreender a logística da empresa e seus processos, procedimentos, ferramentas, se já há um setor de TI e de *compliance*, perceber se a alta diretoria está realmente disposta a passar por toda a transformação trazida pela mudança de cultura; até onde os investimentos podem ir e onde estão os pontos fortes e fracos da empresa. Nessa etapa, é possível entender mais sobre o negócio e como os dados pessoais estão inseridos nesse contexto. Importante ouvir todos os setores, o responsável pela TI, os líderes, gerentes, CEOs, mas deve haver uma amostragem dos colaboradores sem cargo de liderança.

A partir das entrevistas é possível perceber, dentre os entrevistados, quais poderiam engajar-se no processo de adequação, e assim formar um comitê de privacidade multidisciplinar. Importante que haja alguém da TI, do jurídico, do RH, representante da alta administração, alguns colaboradores-chave. Se possível, seria importante nesse momento fazer a nomeação do DPO para que ele possa acompanhar todo o processo de adequação.

No tocante aos comitês, tanto o comitê de privacidade, que deverá ser criado para acompanhar e participar de todas as etapas da adequação, quanto o comitê de crise, que deverá estar preparado para eventuais episódios de vazamentos de dados pessoais, ou outros incidentes que podem expor os dados pessoais, importante destacar que quem informará a ANPD e o titular sobre eventual vazamento é a empresa[80]. A depender da gravidade do incidente a ANPD poderá

---

80 Segundo o art. 48. O controlador deverá comunicar à autoridade nacional e ao titular a ocorrência de incidente de segurança que possa acarretar risco ou dano relevante aos titulares.

ASPECTOS GERAIS SOBRE A LEI GERAL DE PROTEÇÃO DE DADOS QUE AS EMPRESAS PRECISAM SABER

determinar a ampla divulgação do fato em meios de comunicação, entre outras, nesse caso, impactando na reputação da empresa.

É de suma relevância que haja simulação prévia para que se detectar os pontos fracos que precisam ser melhorados e os fortes que devem seguir fortalecidos.

Com a análise dos questionários e das entrevistas, tem início o mapeamento de dados, etapa que exige uma atenção especial. Indispensável mapear onde estão os dados que a empresa trata. Tem cópia? Quantos setores compartilham? É importante outro ponto de vista além da alta diretoria, pois, algumas vezes, informações passam despercebidas e muitas das informações relevantes vêm dos colaboradores. Importante analisar *in loco* os setores da empresa, perceber como é o andamento de cada setor, fazer mais algumas perguntas, se necessário.

Sobre o *data mapping* ou inventário, Peck aduz que, após a descoberta de quais são os dados e onde estão:

> Deve-se montar a matriz de tratamento dos dados pessoais (quais os tipos de tratamentos e quais as finalidades). Em seguida, como está sendo feito o controle de gestão de consentimentos. Com esse panorama, é desenvolvido o mapa de risco e elaborado o plano de ação, que permite fazer a cotação dos investimentos necessários à conformidades, implementadas em geral em quatro níveis: no nível técnico (ferramentas), no documental (atualizar normas, políticas, contratos), procedimental (adequar a governança e a gestão dos dados pessoais) e cultural (realizar treinamentos e campanhas de conscientização das equipes, dos parceiros, fornecedores e clientes).[81]

Pode-se ainda questionar, a empresa atua com dados pessoais considerados sensíveis pela legislação? Atua com dados de menor? Importante compreender o universo de dados pessoais em que atua a empresa para que se possa manipulá-los de acordo com a determinação legal.

---

81 PINHEIRO, Patricia Peck. *Proteção de Dados Pessoais:* comentários à Lei n° 13.709/2018 (LGPD). 2.ed. São Paulo: Saraiva Educação, 2020. p. 64.

Em relação aos dados, perguntas como: a empresa faz *backup*, usa aplicativos para compartilhar dados como *WhatsApp*, por exemplo? A empresa utiliza *cloud* (nuvem) sistemas de gestão empresarial, ou de relacionamento com o Cliente? Quais as plataformas, ferramentas e aplicativos utilizados? O responsável pelo sistema possui acesso aos dados? Na empresa há política *"bring your own device"?* (Acaso os colaboradores atuem com seu próprio dispositivo). Os sistemas utilizados estão adequados à Lei? Quais os níveis de acesso aos dados? Há histórico de atualizações de sistema e equipamentos? Onde estão os arquivos físicos e digitais da empresa? Há um terceiro envolvido nesse processo? Essas são algumas das perguntas que precisam de resposta, muitas outras perguntas devem ser realizadas no *gap assessment*, que trará o diagnóstico da empresa, indicando o rumo a seguir em relação à adequação esperada pela legislação. Ainda em relação ao sistema utilizado pela empresa, houve ajustes da empresa que disponibiliza os sistemas à LGPD? Onde o sistema mantém os dados? Com quem esses dados do sistema são compartilhados?

Após detida análise, o resultado do mapeamento dos dados pode levar ao descarte de dados desnecessários e excessivos. É necessário picotar documentos que não têm mais serventia, como currículos por exemplo, ou requisitar o consentimento dos titulares para manter aqueles que a empresa considerar relevante. Isso deve ser feito com todos os documentos. Avalia-se a necessidade, observa-se a finalidade de tratar o dado pessoal, sempre respeitando o mínimo necessário, não esquecendo que é preciso que haja uma base legal para justificar o tratamento. O mesmo deve ser feito com documentos digitais: avaliar se há a necessidade legal de manter aqueles dados pessoais, e por quanto tempo, relacionar tudo para que no tempo adequado eles sejam excluídos, não se esquecendo de manter comprovação de tudo através de *logs*, por exemplo.

Importante entender o ciclo de vida do dado pessoal, que deve compreender todas as etapas de tratamento, incluindo a coleta, processamento, transferências, armazenamentos, término do tratamento e descarte[82]. Paralelamente, os treinamentos

---

82 JUNIOR, Josmar Lenine Giovannini. Fase 4: governança de dados pessoais. In: MALDONADO, Viviane Nóbrega. *LGPD Lei Geral de Proteção de Dados*: manual de implementação. São Paulo: RT, 2019. p. 172.

devem ser realizados. Não em vão, eles estão destacados no início da adequação. A primeira oportunidade para abordar o tema deve ser realizada para todos os integrantes da empresa para que assim compreendam a importância da legislação, não apenas em relação à determinação legal, em especial no que se refere à importância da lei no contexto pessoal. Posteriormente, o treinamento deverá ser realizado por setores para que o treinamento seja mais específico.

Faz parte do projeto de adequação avaliar e fazer diagnóstico acerca da Segurança da Informação. Através de testes de segurança, é possível identificar as vulnerabilidades do sistema, evitando incidentes. Ainda que a empresa possua um setor de TI, é indicado que haja essa avaliação externa.

Comunicação interna e externa é de suma relevância. Em grandes empresas seria importante um departamento de comunicação responsável pela comunicação com a imprensa para caso de vazamentos, ou de outros acontecimentos que cheguem a conhecimento público. Nesse caso, saber como comunicar é essencial. Grandes empresas também podem pensar em um departamento jurídico treinado para conciliar, pois o art. 52, §7º da LGPD traz a possibilidade de conciliação extrajudicial, observe-se:

> os vazamentos individuais ou os acessos não autorizados de que trata o caput do art. 46[83] desta Lei poderão ser objeto de conciliação direta entre controlador e titular e, caso não haja acordo, o controlador estará sujeito à aplicação das penalidades de que trata este artigo.

Dessa maneira é possível evitar danos à reputação da empresa, eventuais demandas judiciais, além de sanções aplicáveis pela Autoridade Nacional de Proteção de Dados.

---

83 Art. 46. Os agentes de tratamento devem adotar medidas de segurança, técnicas e administrativas aptas a proteger os dados pessoais de acessos não autorizados e de situações acidentais ou ilícitas de destruição, perda, alteração, comunicação ou qualquer forma de tratamento inadequado ou ilícito.

VI. ESCOPO REGULATÓRIO/JURÍDICO

Resta cristalina a extrema importância da legislação à adequação. E, ao falar de legislação, não se pode pensar apenas em leis ordinárias. Há leis setoriais, regulamentos, portarias e afins. A harmonia entre esses diplomas legais e a LGPD é indispensável. Todos os contratos precisarão estar adequados à legislação, em especial os novos contratos redigidos a partir de necessidades trazidas pela LGPD como o caso do contrato do DPO (encarregado), por exemplo, além dos documentos que devem ser produzidos para cumprir a determinação legal, como a resposta ao titular e à ANPD. Essa produção deve ser realizada visando agilidade em caso de eventual requerimento.

A revisão contratual é de suma importância e demanda tempo. Analisar os contratos em andamento e ajustá-los é indispensável. Há que se incluir cláusula em destaque acerca da proteção de dados. Da mesma maneira é preciso rever contratos com titulares e colaboradores.

> Atualização das cláusulas de contratos com parceiros e fornecedores que realizam algum tipo de tratamento de dados, principalmente fornecedores de soluções de gestão de informação, nuvem, monitoração, mensageria, *e-mail, marketing, credit score, big data*, mídias sociais (coleta, produção, recepção, classificação, acesso, utilização, transmissão, armazenagem, processamento, eliminação, enriquecimento)[84].

Conforme se observa, há um longo caminho para adequar a parte documental. Todos os documentos devem ser revistos sejam físicos, digitais ou digitalizados. Após detida revisão e revalidação, deve haver o enquadramento do tratamento em uma base legal, e é de suma relevância a confecção de uma tabela de temporalidade, onde estarão descritos quais os prazos de guarda relacionados aos dados pessoais, motivo e tempo de retenção.

Segundo o art. 16, os dados pessoais serão eliminados após o término de seu tratamento, no âmbito e nos limites técnicos das atividades,

---

84 PINHEIRO, Patricia Peck. *Proteção de Dados Pessoais:* comentários à Lei n° 13.709/2018 (LGPD). 2.ed. São Paulo: Saraiva Educação, 2020. p. 65.

sendo autorizada a conservação para cumprimento de obrigação legal ou regulatória pelo controlador, em caso de estudo por órgão de pesquisa, garantindo que sempre que possível haverá anonimização, se for para transferência a terceiro, desde que respeitados os requisitos de tratamento de dados dispostos nesta Lei; ou uso exclusivo do controlador, vedado seu acesso por terceiro, e desde que anonimizados.

Claramente, a intenção das instituições é preservar a manutenção da base de dados pessoais, evitando as hipóteses de eliminação sempre que possível, visto que, há um alto valor na preservação da informação. O descarte pode e deve ocorrer, já que é um direito, mas será observado se recairá alguma previsão de justificativa legal de retenção que permita a manutenção do dado por um prazo até a sua eliminação definitiva (se esta vier a ocorrer[85].

Contudo, inexistindo justificativa legal para a manutenção, o dado pessoal deverá ser descartado, e "este descarte deverá ser irreversível e extensivo as respectivas cópias de segurança que tenham sido eventualmente feitas dos referidos documentos envolvendo os dados pessoais[86]". Salienta-se que os dados em posse dos controladores terceiros também devem ser descartados, sendo exigível que haja manutenção de *logs* de registro do descarte para que possam até ser apresentados em caso de necessidade probatória.

Por fim, é indispensável ter em mente que os dados possuem um ciclo de vida. O indicado é que não sejam guardados por tempo indeterminado. Lembre-se, que, armazenar dados pessoais sem justificativa legal é um risco a mais e, nesse caso, desnecessário. Uma vez encerrada a finalidade que ocasionou a coleta e tratamento, e não havendo mais nada que justifique a sua manutenção, ele deverá ser excluído.

---

85 PINHEIRO, Op. Cit. p.98.

86 JUNIOR, Josmar Lenine Giovannini. Fase 4: governança de dados pessoais. In: MALDONADO, Viviane Nóbrega. *LGPD Lei Geral de Proteção de Dados:* manual de implementação. São Paulo: RT, 2019. p. 187.

VII. DOCUMENTOS DIVERSOS

Inicialmente, consideram-se documentos internos aqueles voltados para colaboradores, gestores, fornecedores; e externos aqueles que qualquer pessoa pode ter acesso, ainda que não sejam vinculados à empresa. É o caso dos informativos em um *site*, por exemplo.

A legislação apresentou a necessidade de informação acerca do tratamento, e de como a empresa lida com os dados pessoais. Para realizar essa apresentação, é importante que no *site* da empresa contenha informações relacionadas à privacidade e proteção de dados pessoais, informando com detalhes o que é coletado, para qual finalidade, por quanto tempo, apresentando meios para o titular comunicar-se com o encarregado, também chamado de DPO, e permitindo acesso facilitado ao aviso de privacidade, aos termos de uso, às políticas de *cookies*, com possibilidade de ajustes e, se possível, com detalhes acerca da missão, visão e valores da empresa; tudo em linguagem simples e de fácil entendimento.

VII.1. DOCUMENTOS INTERNOS

No que concerne aos documentos internos, o ponto mais crucial da adequação diz respeito aos contratos: todos os contratos ativos devem ser revistos. Contratos de clientes, empregados, fornecedores, terceirizados (da recepcionista à equipe de limpeza), e de profissionais como contadores, advogados e quaisquer outros com os quais a empresa troque dados pessoais. Além da análise do conteúdo contratual, é preciso adicionar uma cláusula, tópico ou anexo abordando as determinações legais trazidas pela LGPD. Reitera-se a necessidade de que toda a cadeia se adeque à legislação.

A política de privacidade voltada para dentro da empresa precisa ser criada; não se confunde com o Código de conduta e ética, nem com o aviso de privacidade que deve estar no site da empresa. A política de privacidade trará em seu texto informações sobre como a empresa tratará questões relacionadas à privacidade e à proteção de dados pessoais. Entre os temas abordados, pode-se citar, por exemplo, a política de mesa e tela limpa, de senhas, de uso de *e-mail*, de uso de *WhatsApp*, termos de confidencialidade. Também é importante tratar da prática de *Bring Your Own Device* (BYOD), que deve ser redigido com base no que determina a legislação e os aspectos relacionados à tecnologia; tudo deve constar nas políticas. A política de privacidade pode conter sanções como advertência e suspensão para casos de inobservância às regras.

É indispensável criar ou ajustar o código de conduta e ética, que é o documento onde a empresa relaciona a postura esperada dos seus colaboradores, onde contém a visão, missão e os valores da empresa, além dos princípios que a regem. O código visa orientar a todos que atuam com a empresa sobre a cultura organizacional desenvolvida. Pode ser criado para os colaboradores diretos e indiretos, internos e externos. E podem ser considerados:

> um meio das empresas manterem os padrões de conduta julgados necessários à continuidade de sua boa reputação junto à sociedade, que podem ser levados em conta quando do processo de tomada de decisões éticas de seus funcionários, seja como guia de conduta, como de coerção[87].

Em relação às normas técnicas, se utilizadas pela empresa, como as normas ISO, por exemplo, devem servir como parâmetro para a construção de treinamentos e devem ser observadas pelo departamento de TI e devem constar nos demais documentos redigidos sobre o tema.

Visando preparar a empresa para as solicitações futuras, é indicado confeccionar modelos para servirem como base à comunicação, seja com os titulares ou com a Autoridade Nacional de Proteção de Dados, conforme os trazidos pela legislação. Tais como, declaração confirmando ou negando o tratamento de dados pessoais, resposta com prazo para fornecer a portabilidade, relatório de impacto à proteção de dados pessoais, inclusive de dados sensíveis, entre outros.

---

87 ALVES, Francisco José dos Santos. *Adesão do contabilista ao código de ética da sua profissão*: um estudo empírico sobre percepções. Disponível em: <http://blog-fipecafi.imprensa.ws/wp-content/uploads/2012/04/como-o-contabilista-ve--seu-codigo-de-%C3%A9tica.pdf>. Acesso em: 22 ago. 2020.

LGPD - LEI GERAL DE PROTEÇÃO DE DADOS: SUA EMPRESA ESTÁ PRONTA?

Outro documento destacado do RGPD é o ROPA (*Record of Processing Activities*), conforme determina o art. 30 do RGPD[88], que é o registro de atividade de tratamento, onde devem constar informações diversas sobre o tratamento e sobre o compartilhamento dos dados com terceiros.

88 1. Cada responsável pelo tratamento e, sendo caso disso, o seu representante conserva um registo de todas as atividades de tratamento sob a sua responsabilidade. Desse registo constam todas seguintes informações: a) O nome e os contactos do responsável pelo tratamento e, sendo caso disso, de qualquer responsável conjunto pelo tratamento, do representante do responsável pelo tratamento e do encarregado da proteção de dados; b) As finalidades do tratamento dos dados; c) A descrição das categorias de titulares de dados e das categorias de dados pessoais; d) As categorias de destinatários a quem os dados pessoais foram ou serão divulgados, incluindo os destinatários estabelecidos em países terceiros ou organizações internacionais; e) Se for aplicável, as transferências de dados pessoais para países terceiros ou organizações internacionais, incluindo a identificação desses países terceiros ou organizações internacionais e, no caso das transferências referidas no artigo 49°, n° 1, segundo parágrafo, a documentação que comprove a existência das garantias adequadas; f) Se possível, os prazos previstos para o apagamento das diferentes categorias de dados; g) Se possível, uma descrição geral das medidas técnicas e organizativas no domínio da segurança referidas no artigo 32°, n°1.
2. Cada subcontratante e, sendo caso disso, o representante deste, conserva um registo de todas as categorias de atividades de tratamento realizadas em nome de um responsável pelo tratamento, do qual constará: a) O nome e contactos do subcontratante ou subcontratantes e de cada responsável pelo tratamento em nome do qual o subcontratante atua, bem como, sendo caso disso do representante do responsável pelo tratamento ou do subcontratante e do encarregado da proteção de dados; b) As categorias de tratamentos de dados pessoais efetuados em nome de cada responsável pelo tratamento;
c) Se for aplicável, as transferências de dados pessoais para países terceiros ou organizações internacionais, incluindo a identificação desses países terceiros ou organizações internacionais e, no caso das transferências referidas no artigo 49.o, n.o 1, segundo parágrafo, a documentação que comprove a existência das garantias adequadas; d) Se possível, uma descrição geral das medidas técnicas e organizativas no domínio da segurança referidas no artigo 32.o, n.o 1. 3. Os registos a que se referem os n.os 1 e 2 são efetuados por escrito, incluindo em formato eletrónico. 4. O responsável pelo tratamento e, sendo caso disso, o subcontratante, o representante do responsável pelo tratamento ou do subcontratante, disponibilizam, a pedido, o registo à autoridade de controlo. 5. As obrigações a que se referem os n.os 1 e 2 não se aplicam às empresas ou organizações com menos de 250 trabalhadores, a menos que o tratamento efetuado seja suscetível de implicar um risco para os direitos e liberdades do titular dos dados, não seja ocasional ou abranja as categorias especiais de dados a que se refere o artigo 9.o, n.o 1, ou dados pessoais relativos a condenações penais e infrações referido no artigo 10°.

Documento de suma importância quando o tema é adequação é o relatório de impacto à proteção de dados pessoais, que é o documento do controlador que contém a descrição dos processos de tratamento de dados pessoais que podem gerar riscos às liberdades civis e aos direitos fundamentais, informando ainda as medidas para mitigar os riscos e salvaguardas. Quando se destaca a importância de olhar para o Regulamento Europeu, é pelo fato de já possuírem uma maturidade na temática que pode auxiliar o Brasil nesse caminho. O considerando 75[89], por exemplo, discorre acerca dos riscos para os direitos e liberdades dos titulares.

Um vazamento de dados pessoais, dentre os inúmeros episódios que presenciamos no Brasil pode viabilizar, entre tantas outras possibilidades, uma usurpação ou roubo da identidade, ocasionando diversos problemas ao titular.

Como o relatório de impacto à proteção de dados pessoais tem o propósito de mitigar riscos, ele deverá ser realizado antes do início do tratamento, mas com uma visão completa

---

89 O considerando 75 do Regulamento Europeu orienta acerca do risco para os direitos e liberdades das pessoas singulares, cuja probabilidade e gravidade podem ser variáveis, poderá resultar de operações de tratamento de dados pessoais suscetíveis de causar danos físicos, materiais ou imateriais, em especial quando o tratamento possa dar origem à discriminação, à usurpação ou roubo da identidade, a perdas financeiras, prejuízos para a reputação, perdas de confidencialidade de dados pessoais protegidos por sigilo profissional, à inversão não autorizada da pseudonimização, ou a quaisquer outros prejuízos importantes de natureza económica ou social; quando os titulares dos dados possam ficar privados dos seus direitos e liberdades ou impedidos do exercício do controle sobre os respetivos dados pessoais; quando forem tratados dados pessoais que revelem a origem racial ou étnica, as opiniões políticas, as convicções religiosas ou filosóficas e a filiação sindical, bem como dados genéticos ou dados relativos à saúde ou à vida sexual ou a condenações penais e infrações ou medidas de segurança conexas; quando forem avaliados aspetos de natureza pessoal, em particular análises ou previsões de aspetos que digam respeito ao desempenho no trabalho, à situação económica, à saúde, às preferências ou interesses pessoais, à fiabilidade ou comportamento e à localização ou às deslocações das pessoas, a fim de definir ou fazer uso de perfis; quando forem tratados dados relativos a pessoas singulares vulneráveis, em particular crianças; ou quando o tratamento incidir sobre uma grande quantidade de dados pessoais e afetar um grande número de titulares de dados.

de todo o ciclo de vida dos dados. Assim, o controlador conseguirá enxergar, claramente, quais serão os principais fatores que poderão impactar as liberdades civis e os direitos fundamentais para a tomada de decisão, desde a implementação de medidas e mecanismos que demonstrem o cumprimento da Lei até a descontinuidade do projeto. Essas medidas e mecanismos podem ser administrativos ou técnicos, como a abstenção da coleta de uma determinada espécie de dado pessoal, restrição de acessos aos dados tratados, reforçar a tecnologia de criptografia ou realizar o procedimento de pseudonimização dos dados, apenas para citar alguns exemplos.

Assim, no mínimo, o RIPD deverá conter a descrição dos tipos de dados coletados, a metodologia utilizada para a coleta e para a garantia da segurança das informações e a análise do controlador com relação a medidas, salvaguardas e mecanismos de mitigação de risco adotados[90].

O relatório de impacto é um instrumento de responsabilidade do controlador que deve ser realizado em qualquer operação de tratamento de dados pessoais que possa gerar riscos às liberdades civis e aos direitos fundamentais através das descrições dos processos para mitigação de riscos e, concomitantemente, das responsabilidades[91].

Não se pode esquecer do plano de resposta a incidentes e remediação conforme determina a legislação, em especial de acordo com a estrutura, a escala e o volume das operações, bem como a sensibilidade dos dados tratados e a probabilidade e a gravidade dos danos para os titulares dos dados.

---

90 VAINZOF, Rony. O que é o relatório de impacto à proteção de dados pessoais (RIPD)? *Opice Blum Academy*. Disponível em: <https://opiceblumacademy.com.br/2020/02/ripd-relatorio-impacto-protecao-dados-pessoais/#_ftn10>. Acesso em: 26 ago. 2020.

91 VAINZOF, Rony. Disposições preliminares. In: MALDONADO, Viviane Nóbrega; BLUM, Renato Opice. (coord). *LGPD*: Lei Geral de Proteção de Dados. São Paulo: RT, 2019. p. 126.

Sempre que possível, é importante que se utilize criptografia e outros meios técnicos capazes de anonimizar os dados de forma que, se houver algum incidente, não haja a exposição dos dados pessoais e consequente prejuízo ao titular.

Convém esclarecer que, de acordo com a Lei Geral de Proteção de Dados, no artigo 5°, "a anonimização utiliza meios técnicos razoáveis e disponíveis no momento do tratamento, por meio dos quais, um dado perde a possibilidade de associação, direta ou indireta, a um indivíduo". Logo, o dado anonimizado "é o dado relativo ao titular que não possa ser identificado, considerando a utilização de meios técnicos razoáveis e disponíveis na ocasião de seu tratamento", conforme conceitua a supracitada legislação.

> Art. 46. Os agentes de tratamento devem adotar medidas de segurança, técnicas e administrativas aptas a proteger os dados pessoais de acessos não autorizados e de situações acidentais ou ilícitas de destruição, perda, alteração, comunicação ou qualquer forma de tratamento inadequado ou ilícito.
>
> § 1º A autoridade nacional poderá dispor sobre padrões técnicos mínimos para tornar aplicável o disposto no caput deste artigo, considerados a natureza das informações tratadas, as características específicas do tratamento e o estado atual da tecnologia, especialmente no caso de dados pessoais sensíveis, assim como os princípios previstos no caput do art. 6º desta Lei.
>
> § 2º As medidas de que trata o caput deste artigo deverão ser observadas desde a fase de concepção do produto ou do serviço até a sua execução.

Quando se fala de medidas a serem observadas desde a concepção, remete-se à metodologia *privacy by design*[92] (privacidade desde a concepção). Nesse sentido, ao elaborar um projeto, desde o início a privacidade é pensada como elemento indispensável, sendo todo

---

92 Metodologia criada nos anos 90 por uma canadense chamada Ann Cavoukian.

desenvolvimento realizado com base nessa premissa, resta claro que é mais eficiente e econômico do que deixar para pensar na privacidade posteriormente. Há ainda a metodologia de *privacy by default* (privacidade por padrão) que confere ao produto ou serviço que a privacidade seja definida por padrão.

VII.2. DOCUMENTOS EXTERNOS

Acaso ainda não tenha políticas/aviso de privacidade e termos de uso, é necessário confeccionar. Nesses documentos é necessário detalhar de maneira simples, transparente e objetiva tudo que é relevante informar sobre uso do *site*, sobre privacidade e proteção de dados, entre outras informações.

Antes dos escândalos destacados no início do texto, poucas pessoas tinham interesse em ler tais documentos; contudo, com o avanço de debates nas redes sociais sobre privacidade, vazamento, exposição e proteção de dados, os titulares estão cada dia mais atentos. Nesse sentido, é prudente disponibilizar tais informações o quanto antes. Segundo Marcel Leonardi:

> (...) as políticas de privacidade adotadas por inúmeros Web sites, criadas como um meio de informar aos usuários quais dados são coletados e para quais fins são utilizados. Ainda que, na prática, tais políticas apresentem redação excessivamente genérica e sirvam como mero aviso de que o titular do Web site coletará as informações que desejar e fará com elas o que bem entender, o fato é que representam um pequeno avanço, possibilitando aos usuários saber – caso leiam o documento – o que será feito com suas informações pessoais ao utilizar determinado Web site ou contratar com aquele fornecedor, o que não ocorre com outros meios de contratação à distância, principalmente pelo telefone. Em última análise, porém, caso a política de privacidade adotada pelo Web

site não pareça satisfatória, ao usuário restará apenas não utilizar o serviço ou deixar de contratar com aquele fornecedor[93].

O ideal é que haja no *site* uma área especialmente desenvolvida para a LGPD, contendo informações sobre privacidade e proteção de dados. Pode ser uma aba, por exemplo, onde tudo poderá ser facilmente encontrado; onde estarão todas as respostas que o titular pode eventualmente estar procurando.

Entre os documentos externos, é necessário dar destaque aos *cookies*[94], o que são, o que fazem, possibilitando ao usuário fazer gerenciamento de permissões. "Segundo um relatório da União Europeia sobre proteção de dados que analisou 500 *sites*, 70% dos *cookies* são de terceiros e rastreiam nossa atividade para nos oferecer publicidade personalizada[95]". É preciso informar aos usuários do *site* quais os tipos de *cookies* que o *site* utiliza e para que servem, possibilitando que o titular, caso queira, possa ajustar seus interesses aos *cookies* a partir de um clique, lembrando que não é possível desativar os *cookies* estritamente necessários.

Importante documento é o relacionado às políticas de privacidade ou aviso de privacidade. Segundo Maldonado, "é um documento cujo destinatário é o púbico em geral, que nada mais é que um informe-padrão que contém um conjunto de informações relativas ao tratamento de dados pessoais[96]."

Ao analisar o art. 9º, LGPD, é possível ter uma orientação do que pode ser incluído nas referidas políticas: trazer de forma simples, clara e transparente quais dados são coletados; para que finalidade, identificando informações de contato do controlador, do encarregado, de

---

93 LEONARDI, Marcel. *Tutela e privacidade na Internet.* São Paulo: Saraivajus: 2011. p. 207/208.

94 *Cookies*, conceituando de maneira simples, são arquivos de texto que são encontrados em todos os sites, e entre outras coisas, armazenam as preferências dos usuários.

95 BBC. *O que acontece quando você aceita os cookies de um site e por que é bom apagá-los de tempos em tempos.* Disponível em: <https://www.bbc.com/portuguese/geral-40730996>. Acesso em: 20 jul. 2020.

96 MALDONADO, Viviane. Avisos de privacidade e legal design. Proteção de Dados: desafios e soluções na adequação à Lei. *In: Renato OpiceBlum.* São Paulo: GEN, 2020. Edição Kindle. Posição: 4563.

preferência de maneira destacada. Informar se há compartilhamento de dados pelo controlador com terceiros e sua finalidade; destacar as responsabilidades dos agentes que realizarão o tratamento; e por fim, listar os direitos do titular, com menção explícita aos direitos contidos no art. 18 que trata dos titulares supracitados.

> A multiplicidade de informações a constarem dessa espécie de documento não deve representar o mero cumprimento de uma formalidade. Ao contrário, o intuito das leis de privacidade quanto a esse particular aspecto é efetivamente informar o titular quanto às peculiaridades do tratamento de seus dados pessoais, até mesmo para possibilitar a recusa ao tratamento ante certas condições, anotado que, em muitas circunstâncias, este se baseia no consentimento[97].

Nesse sentido, o aviso de privacidade é de extrema relevância e sua ausência causará prejuízos, seja em relação à confiança do usuário seja em relação à adequação. As políticas de privacidade ou avisos de privacidade devem estar disponíveis no *site*.

Os termos de uso, por sua vez, retratam a maneira como será conduzido o serviço no *site, software,* aplicativo, o que se pode esperar da empresa e o que a empresa espera do usuário. Descreve como a empresa atua e quais são as regras que o usuário deve observar. Enfim, é uma abordagem detalhada das condições de uso, garantias e procedimento/comportamento esperado pelo usuário, obrigações do usuário e responsabilidades da empresa.

VIII. TECNOLOGIA, RISCOS E INCIDENTES DE SEGURANÇA DA INFORMAÇÃO

De acordo com o *National Institute of Standards and Technology* (NIST) – Órgão do Departamento de Comércio dos Estados Unidos, para estabelecer ou aprimorar o programa de risco cibernético, há

---

97 MALDONADO, Viviane. *Avisos de privacidade e legal design*. Proteção de Dados: desafios e soluções na adequação à Lei. In: BLUM, Renato Opice. (coord). São Paulo: GEN, 2020. Edição Kindle. Posição: 4564.

uma estrutura com diretrizes sobre a segurança cibernética. A estrutura (*framework*) é baseada em cinco conjuntos de temas, pilares ou "domínios" de ações que estruturam a gestão de risco cibernético: identificar, proteger, detectar, responder e recuperar[98]. Além desses pilares, há ainda o PDCA, que, para mitigar os riscos, a área especialista pode optar por adotá-lo, que foi originalmente introduzido pela BS7799, precursora do padrão ISO 27001, que se resume a: *Plan* (planejar os controles); *Do* (implementar esses controles); *Check* (checar os controles); *Act* (agir, atualizando os controles, caso na etapa de verificação acima eles falhem)[99].

Nesse contexto, "parece claro que o tema segurança da informação" deve ser amplamente discutido e evidenciado no meio corporativo, já que as informações são valiosíssimas, independentemente do segmento e porte das empresas[100].

Importante destacar que, por mais que se criem fórmulas e programas para evitar problemas, tudo passará por pessoas, processos e tecnologia. No que se refere às pessoas: ter métrica capaz de validar a evolução dos funcionários; além de realizar treinamento constante e conscientização através de exemplos e notícias sobre o tema, por exemplo. No tocante aos fornecedores e aos terceirizados é preciso acompanhar a evolução e verificar através de visitas se há uma mudança na cultura da empresa e se a adequação está de fato ocorrendo. Em relação aos processos, é importante verificar se as etapas definidas no projeto de adequação estão sendo seguidas. No que se refere à tecnologia, acompanhar se as ferramentas estão sendo suficientes, se há pontos de melhoria; atualização constante; revisão de segurança frequente; testes que possam verificar o nível de segurança.

Se pessoas são o elo mais frágil quando o assunto é segurança, é de suma importância que haja treinamento constante, e que a cultura

---

98 INSTITUTO BRASILEIRO DE GOVERNANÇA CORPORATIVA. Papéis e responsabilidades do conselheiro na gestão de riscos cibernéticos. São Paulo, SP: IBGC Orienta, 2019. p. 37.

99 MONTANARO, Domingo. Gestão de vulnerabilidades. In: MALDONADO, Viviane Nóbrega. *LGPD Lei Geral de Proteção de Dados:* manual de implementação. São Paulo: RT, 2019. p 317. p. 313-338.

100 CRESPO, Marcelo. Compliance Digital. In: NOHARA, Irene Patrícia; PEREIRA, Flávio de Leão Bastos. Governança, *compliance* e cidadania. 2ª ed. São Paulo: Thomson Reuters Brasil, 2019. Edição Kindle. Posição: 5376.

da empresa seja amplamente divulgada para que os colaboradores possam ser agentes de vigilância para coibir comportamentos inadequados. É preciso olhar para outras empresas e perceber as possíveis falhas e vulnerabilidades. Importante ainda fazer um exercício de criar situações hipotéticas para que a empresa esteja preparada para o máximo de situações adversas[101].

Destarte, um incidente[102] pode ser considerado um vazamento de dados por força bruta, ou seja, a partir da invasão de um *hacker*, por exemplo, mas também pode ser um incidente por ameaça humana intencional, que é o caso do colaborador quando sai da empresa e quer causar prejuízo, como no caso da Coca-Cola. Observe-se:

> A Cola-Cola informou em comunicado que foi vítima de uma violação de dados que resultou na exposição de informações pessoais de 8 mil funcionários da empresa. Autoridades responsáveis pela investigação do incidente desmentiram boatos de que houve um ataque cibernético à infraestrutura da companhia. Na verdade, um ex-funcionário de uma das subsidiárias da Coca-Cola roubou um disco rígido

---

101 CANTO DE LIMA, Ana Paula Moraes. O Código de Defesa Do Consumidor e o Decreto *e-commerce*: como estar em conformidade legal no ambiente digital. In: CRESPO, Marcelo. *Compliance no Direito Digital.* 2.ed. São Paulo: Thomson Reuters Brasil, 2020.

102 Art. 48. O controlador deverá comunicar à autoridade nacional e ao titular a ocorrência de incidente de segurança que possa acarretar risco ou dano relevante aos titulares. § 1º A comunicação será feita em prazo razoável, conforme definido pela autoridade nacional, e deverá mencionar, no mínimo: I - a descrição da natureza dos dados pessoais afetados; II - as informações sobre os titulares envolvidos; III - a indicação das medidas técnicas e de segurança utilizadas para a proteção dos dados, observados os segredos comercial e industrial; IV - os riscos relacionados ao incidente; V - os motivos da demora, no caso de a comunicação não ter sido imediata; e VI - as medidas que foram ou que serão adotadas para reverter ou mitigar os efeitos do prejuízo. § 2º A autoridade nacional verificará a gravidade do incidente e poderá, caso necessário para a salvaguarda dos direitos dos titulares, determinar ao controlador a adoção de providências, tais como: I - ampla divulgação do fato em meios de comunicação; e II - medidas para reverter ou mitigar os efeitos do incidente. § 3º No juízo de gravidade do incidente, será avaliada eventual comprovação de que foram adotadas medidas técnicas adequadas que tornem os dados pessoais afetados ininteligíveis, no âmbito e nos limites técnicos de seus serviços, para terceiros não autorizados a acessá-los.

com os dados dos funcionários da empresa. Embora o incidente tenha ocorrido em setembro de 2017, o caso permaneceu em total sigilo para que o trabalho de investigação não fosse prejudicado. Agora que tudo foi averiguado, a companhia foi autorizada a confirmar que o disco rígido continha documentos pertencentes a seus trabalhadores.[103]

O incidente em questão não é o único caso recente de vazamento interno de dados confidenciais de empresas de grande porte. Conforme nota do site *Hack Read*, empresas como a *Barclays* e *Peninsula Airlines* (*PenAir*) sofreram violações de dados semelhantes ao caso da Coca-Cola[104].

Outro caso ocorrido envolve um ex-engenheiro da Cisco[105] que, após 5 meses do pedido de demissão, acessou indevidamente a infraestrutura de nuvem da empresa, removendo 456 máquinas virtuais dos clientes e apagando mais de 16 mil contas que precisaram ser restauradas ao longo de duas semanas.

Ele acessou a infraestrutura em nuvem da empresa, hospedada no Amazon Web Services, e implementou um código que resultou na exclusão de 456 máquinas virtuais do Web Ex Teams, rival do Microsoft Teams e Google Chat. Além disso, afirma o DoJ, "mais de 16 mil contas do Web Ex Teams ficaram fora do ar por até duas semanas, fazendo com que a Cisco gastasse aproximadamente US$ 1,4 milhão em tempo de funcionários para restaurar

---

103 HAYASHI, Eduardo. *Coca-Cola:* Roubo de disco rígido expõe dados de 8 mil funcionários da empresa. Disponível em: <https://canaltech.com.br/hacker/coca-cola--disco-rigido-roubado-expoe-dados-de-8-mil-funcionarios-da-empresa-114676/>. Acesso em: 20 ago. 2020.

104 HAYASHI, Eduardo. *Coca-Cola:* Roubo de disco rígido expõe dados de 8 mil funcionários da empresa. Disponível em: <https://canaltech.com.br/hacker/coca-cola--disco-rigido-roubado-expoe-dados-de-8-mil-funcionarios-da-empresa-114676/>. Acesso em: 20 ago. 2020.

105 VENTURA, Felipe. *Engenheiro da Cisco apagou 16 mil contas WebEx após demissão.* Disponível em: <https://tecnoblog.net/362875/engenheiro-da-cisco-apagou-16-mil-contas-webex-apos-demissao/>. Acesso em: 22 ago. 2020.

os danos ao aplicativo, e reembolsasse mais de US$ 1 milhão aos clientes afetados". Não houve vazamento de dados.

Situações como essas não são tão incomuns como se imagina. O acesso de funcionários também é uma vulnerabilidade que precisa ser observada. Os níveis de acesso devem estar ajustados. É possível deixar a empresa vulnerável por falta de limitação do colaborador. O acesso do ex-funcionário deve ser cortado imediatamente, evitando brechas à segurança desnecessárias.

Empresas que acham que é complicado e difícil adequar-se, ou que é dispendioso e não compensa, não entendem o quanto é importante para a sua reputação o cuidado com os dados pessoais e a privacidade. É preciso prevenir, remediar por falta de adequação, além de pesar no momento da sanção aplicada pela Autoridade, também maculará a imagem da empresa no mercado.

O estudo *"Cost of a Data Breach"* realizado em julho deste ano pela IBM demonstra que incidentes com vazamento de dados pessoais podem representar uma perda de até 36,2% em oportunidades de negócios, gerando também custos significativos para a detecção do problema em si, reparo dos problemas e notificações de quem teve sua informação disseminada[106].

No que se refere ao mapeamento de dados, ferramentas de *data mapping* e *data discovery* podem auxiliar, facilitando boa parte do trabalho; contudo, desconheço ferramenta que seja capaz de realizar todo o trabalho de mapeamento sem considerar todo o contexto trazido pelas entrevistas e pela observação *in loco*.

A ferramenta de gerenciamento de *logs* possibilita que todos os *logs* possíveis no servidor sejam agrupados e agregados. Ademais, a ferramenta facilita e possibilita a exclusão de dados pessoais quando necessário.

Arquivos de *log* são vitais para sua organização. Desde ajudar organizações a solucionar problemas de TI, investigar incidentes de

---

106 MARTORANO, Luciana; CRIVELIN, Letícia. Programa de adequação à lei geral de proteção de dados pessoais: como lidar com as vulnerabilidades? *Migalhas*. Disponível em: <https://www.migalhas.com.br/depeso/318241/programa-de-adequacao-a-lei-geral-de-protecao-de-dados-pessoais-como-lidar-com-as-vulnerabilidades>. Acesso em: 22 ago. 2020.

segurança, localizar um erro de aplicativo ou isolar um componente de baixo desempenho, as informações necessárias para facilitar sua vida estão em seus registros[107].

No que se refere ao gerenciamento de consentimento, a ferramenta auxilia na organização e no arquivamento do consentimento, coletando informações relevantes, possibilitando a comprovação em caso de questionamento.

as capturas de tela são salvas para documentar o consentimento do usuário e estão disponíveis através de um painel de controle. A documentação inclui o endereço *IP* do usuário e a localização e pode ser facilmente exportada para uso comercial e regulamentar[108].

Todas as ferramentas de segurança da informação são capazes de garantir maiores níveis de segurança aos sistemas, aos *sites*, como antivírus, sistemas de controle de acesso, *firewall*, *softwares* de monitoramento de redes e infraestruturas que monitoram continuamente a infraestrutura de serviços e sistemas digitais localizando as vulnerabilidades existentes, não se esquecendo do seguro cibernético que é de suma relevância para permitir que a empresa sinta-se segura, ainda que haja um incidente. Além disso, protocolos de segurança capazes de proteger a comunicação via *Internet* em serviços como *e-mail*, conexões de acesso à *Internet*, navegação, redes físicas como telefones celulares ou conexões de acesso à *Internet*[109].

---

107 SITE24x7. *Principais ferramentas de monitoramento de logs*. Disponível em: <https://site24x7.acsoftware.com.br/index.php/2018/07/26/principais-ferramentas-de-monitoramento-de-*logs*/?gclid=CjwKCAjwnK36BRBVEiwAsM-T8WG0IyzN0RchzKQ3i_3R312J3YLygqHtBZjzUNCJJ-vJfDE-UQZJk7hoCTugQAvD_BwE>. Acesso em: 22 de ago. 2020.

108 JACKSON, William. *14 principais ferramentas para saber se você cumpre os requisitos do GDPR*. Disponível em: <14 principais ferramentas para saber se você cumpre os requisitos do GDPR>. Acesso em: 22 de ago. 2020.

109 TECJUMP. *5 ferramentas de segurança da informação que você precisa conhecer*. Disponível em: <14 principais ferramentas para saber se você cumpre os requisitos do GDPR>. Acesso em: 22 ago. 2020.

Como dito, sem intenção de esgotar o tema, a sugestão de *roadmap* busca colaborar para que as empresas compreendam algumas etapas da adequação, sem prejuízo de outras que o encarregado ou o comitê de adequação sugiram. Importante ressaltar que cada empresa tem sua logística e deve buscar seu próprio caminho. Mas, independentemente do caminho escolhido, é importante internalizar que a adequação é cíclica como o *compliance*; é preciso treinamento e revisão constante.

IX. CONSIDERAÇÕES FINAIS

Por fim, resta claro que a Lei Geral de Proteção de Dados é uma oportunidade para que as empresas possam traçar um novo caminho através da mudança de cultura, é possível preparar-se para as possibilidades que surgirão. O que virá depende unicamente da relevância que a empresa concederá à legislação, aos titulares de dados pessoais, aos esforços investidos e à capacidade de adequação e de transformação. O texto trouxe um panorama geral acerca da temática de maneira sucinta, sem intenção de exaurir o tema. Importante perceber que uma adequação é complexa, multidisciplinar e demanda tempo. Ademais, todo plano de adequação é único e exclusivo; afinal, é voltado para a área de atuação da empresa e suas peculiaridades.

Não se deixe levar por promessas milagrosas de adequação rápida, barata e/ou automatizada. Lembre-se que não adiantará adquirir excelentes ferramentas, investir em uma adequação robusta, contratar encarregado (DPO), um time jurídico e profissionais de Tecnologia da Informação, contratar os melhores profissionais, se a alta diretoria não incorporar a mudança.

X. REFERÊNCIAS

ALECRIM, Emerson. Governo assina decreto que estrutura ANPD para LGPD vigorar. *Tecnoblog.* Disponível em: <https://tecnoblog.net/362532/governo-federal-assina-decreto-estrutura-anpd-lgpd/>. Acesso em: 28 de ago. 2020.

ALVES, Francisco José dos Santos. *Adesão do contabilista ao código de ética da sua profissão:* um estudo empírico sobre percepções. Disponível em: <http://blog-fipecafi.imprensa.ws/wp-content/uploads/2012/04/como-o-contabilista-ve-seu-codigo-de-%C3%A9tica.pdf>. Acesso em: 22 de ago. 2020.

ARBULU, Rafael. Alexa, da Amazon, pode ser "testemunha" de assassinato na Flórida. *In: Canaltech.* Disponível em: <https://canaltech.com.br/casa-conectada/alexa-da-amazon-pode-ser-testemunha-de-assassinato-na-florida-154371/>. Acesso em: 20 de jul. 2020.

BBC. *O que acontece quando você aceita os cookies de um site e por que é bom apagá-los de tempos em tempos.* Disponível em: <https://www.bbc.com/portuguese/geral-40730996>. Acesso em: 20 de jul. 2020.

BBC NEWS BRASIL. *Entenda o escândalo de uso político de dados que derrubou valor do Facebook e o colocou na mira de autoridades.* 20 mar. 2018. Disponível em: <https://www.bbc.com/portuguese/internacional-43461751>. Acesso em: 23 de abr. 2020.

BIONI, Bruno Ricardo. *Proteção de Dados Pessoais:* a função e os limites do consentimento. Rio de Janeiro: Forense, 2019.

BLB Brasil. *O que é duediligence?* Disponível em: <https://www.blbbrasil.com.br/blog/due-diligence/>. Acesso em: 20 de ago. 2020.

BRASIL. *Constituição Federal de 1988.* Promulgada em 5 de outubro de 1988. Disponível em: <http://www.planalto.gov.br/ccivil_03/constituicao/constituição.htm>. Acesso em: 05 de jul. 2020.

_____. *Decreto nº 8.420, de 18 de março de 2015.* Disponível em: <http://www.planalto.gov.br/ccivil_03/_ato2015-2018/2015/decreto/D8420.htm>. Acesso em: 30 de ago. 2020.

_____. *Lei 12.846, de 1º de agosto de 2013.* Dispõe sobre a responsabilização administrativa e civil de pessoas jurídicas pela prática de atos contra a administração pública, nacional ou estrangeira, e dá outras providências. Disponível em: <http://www.planalto.gov.br/ccivil_03/_ato2011-2014/2013/lei/l12846.htm>. Acesso em: 30 de ago. 2020.

_____. *Lei 13.709 14 de agosto de 2018 - Lei Geral de Proteção de Dados Pessoais (LGPD).* Disponível em: <http://www.planalto.gov.br/ccivil_03/_ato2015-2018/2018/lei/L13709.htm>. Acesso em: 20 de jul. 2020.

_____. *Senado Federal.* Proposta de Emenda à Constituição. Altera a Constituição Federal para incluir a proteção de dados pessoais entre os direitos e garantias fundamentais e para fixar a competência privativa da União para legislar sobre proteção e tratamento de dados pessoais. Disponível em: <https://www.

camara.leg.br/proposicoesWeb/prop_mostrarintegra?codteor=1773684&filename=PEC+17/2019>. Acesso em: 08 de ago. 2020.

CANTO DE LIMA, Ana Paula Moraes. O Código de Defesa Do Consumidor e o Decreto e-commerce: como estar em conformidade legal no ambiente digital. In: CRESPO, Marcelo. *Compliance no Direito Digital.* 2.ed. São Paulo: Thomson Reuters Brasil, 2020.

CASTELLS, Manuel. *A sociedade em rede.* Tradução Roneide Venancio Majer. 6.ed. São Paulo: Paz e Terra, 1999, V.1.

CHAVES, Luiz Fernando Prado Chaves. Da transferência internacional de dados. *In*: MALDONADO, Viviane Nóbrega; OPICE BLUM, Renato. *LGPD*: Lei Geral de Proteção de Dados. 1. ed. São Paulo: Revista dos Tribunais, 2019.

COMPLIANCE TOTAL. Tone from the Top. Disponível em: <https://www.compliancetotal.com.br/compliance/tone-from-the-top>. Acesso em: 20 de ago. 2020.

CRESPO, Liana Irani Affonso Cunha. Direito Digital e Compliance: pilares do programa e mapeamento de risco. *In*: CANTO DE LIMA, Ana Paula Moraes; HISSA, Carmina Bezerra; SALDANHA, Paloma Mendes. *Direito Digital:* Debates Contemporâneos. São Paulo: Thomson Reuters - Revista dos Tribunais, 2019.

CRESPO, Marcelo. *Compliance Digital.* In: NOHARA, Irene Patrícia; PEREIRA, Flávio de Leão Bastos. Governança, compliance e cidadania. 2. ed. São Paulo: Thomson Reuters Brasil, 2019. Edição Kindle.

DEMARTINI, Felipe. Campanha de Trump usou dados de 50 milhões de usuários do Facebook. *Canal Tech.* Disponível em: <https://canaltech.com.br/redes-sociais/campanha-de-trump-usou-dados-de-50-milhoes-de-usuarios-do--facebook-110156/>. Acesso em: 23 de jul. 2020.

DONEDA, Danilo. *A proteção dos dados pessoais como um direito fundamental.* Disponível em: <https://portalperiodicos.unoesc.edu.br/espacojuridico/article/view/1315/658>. Acesso em: 15 de ago. 2020.

DONEDA, Danilo. *Da privacidade à proteção de dados pessoais.* 2.ed. São Paulo: Thomson Reuters Brasil, 2019.

G1. *Entenda o caso de Edward Snowden, que revelou espionagem dos EUA.* Disponível em: <http://g1.globo.com/mundo/noticia/2013/07/entenda-o-caso-de-edward-d-snowden-que-reveiou-espionagem-dos-eua.html>. Acesso em: 20 de jul. 2020.

GDPR *Enforcement Tracker.* Disponível em: <https://www.enforcementtracker.com/>. Acesso em: 20 de ago. 2020.

GOMES, Ana Kézia. Loja usa currículos de candidatos para embalar produtos de clientes e gera revolta em internautas. *G1 RO.* Disponível em: <https://g1.globo.com/ro/rondonia/noticia/2020/02/27/loja-usa-curriculos-de-candidatos-para-embalar-produtos-de-clientes-e-gera-revolta-internet.ghtml>. Acesso em: 20 de ago. 2020.

GOVERNO DO BRASIL. *Brasil recebe aprovação da OCDE de novos instrumentos le-*

gais na área de Ciência e Tecnologia. Disponível em: <https://www.gov.br/pt-br/noticias/educacao-e-pesquisa/2020/07/brasil-recebe-aprovacao-da-ocde-de--novos-instrumentos-legais-na-area-de-ciencia-e-tecnologia>. Acesso em: 12 de ago. 2020.

HAYASHI, Eduardo. *Coca-Cola*: Roubo de disco rígido expõe dados de 8 mil funcionários da empresa. Disponível em: <https://canaltech.com.br/hacker/coca-cola-disco-rigido-roubado-expoe-dados-de-8-mil-funcionarios-da-empresa-114676/>. Acesso em: 20 de ago. 2020.

INSTITUTO BRASILEIRO DE GOVERNANÇA CORPORATIVA. *Papéis e responsabilidades do conselheiro na gestão de riscos cibernéticos.* São Paulo, SP: IBGC Orienta, 2019.

JIMENE, Camilla do Vale. Capítulo VII: da segurança e das boas práticas. *In*: MALDONADO, Viviane Nóbrega. BLUM, Renato Opice. (coord). *LGPD*: Lei Geral de Proteção de Dados. São Paulo: RT, 2019.

JACKSON, William. *14 principais ferramentas para saber se você cumpre os requisitos do GDPR.* Disponível em: <https://cio.com.br/14-principais-ferramentas-para--saber-se-voce-cumpre-os-requisitos-do-gdpr/>. Acesso em: 22 de ago. 2020.

JORNAL OFICIAL DA UNIÃO EUROPEIA. Regulamento (UE) 2016/679 do Parlamento Europeu e do Conselho. de 27 de abril de 2016 relativo à proteção das pessoas singulares no que diz respeito ao tratamento de dados pessoais e à livre circulação desses dados e que revoga a Diretiva 95/46/CE (Regulamento Geral sobre a Proteção de Dados). Disponível em: <https://eur-lex.europa.eu/legal-content/PT/TXT/HTML/?uri=CELEX:32016R0679>. Acesso em: 30 de jul. 2020.

JUNIOR, Josmar Lenine Giovannini. Fase 4: governança de dados pessoais. In: MALDONADO, Viviane Nóbrega. *LGPD Lei Geral de Proteção de Dados*: manual de implementação. São Paulo: RT, 2019.

JUNIOR, Marcílio Braz. Das etapas de elaboração de um DPIA. *Jota*. Disponível em: <https://www.jota.info/wp-login.php?redirect_to=%2F%2Fwww.jota.info%2Fopiniao-e-analise%2Fartigos%2Fdas-etapas-de-elaboracao-de-um-dpia-27042019>. Acesso em: 20 de ago. 2020.

KAORU, Thâmara. *Bancos são proibidos de oferecer consignado a recém-aposentados por 6 meses.* Disponível em: <https://economia.uol.com.br/noticias/redacao/2019/03/31/consignado-inss-aposentados-novas-regras-comecam--a-valer.htm?cmpid=copiaecola<https://economia.uol.com.br/noticias/redacao/2019/03/31/consignado-inss-aposentados-novas-regras-comecam-a-valer.htm>. Acesso em: 31 ago. 2020.

LEI GERAL DE PROTEÇÃO DE DADOS PESSOAIS. *Wikipédia.* Disponível em: <https://pt.wikipedia.org/wiki/Lei_Geral_de_Prote%C3%A7%C3%A3o_de_Dados_Pessoais>. Acesso em: 20 de ago. 2020.

LEONARDI, Marcel. *Tutela e privacidade na Internet.* São Paulo: Saraiva, 2011.

LIMA, Caio César Carvalho. Objeto, aplicação material e aplicação territorial. In: MALDONADO, Viviane Nóbrega. BLUM, Renato Opice. (coord). *Comentários ao GDPR*. Regulamento Geral de Proteção de Dados da União Europeia. São Paulo: RT, 2018.

MALDONADO, Viviane. *Avisos de privacidade e legal design*. Proteção de Dados: desafios e soluções na adequação à Lei. In: BLUM, Renato Opice. São Paulo: GEN, 2020. Edição Kindle.

MALDONADO, Viviane Nóbrega. O titular e a gestão de seus direitos. *Serpro*. Disponível em: <https://www.serpro.gov.br/lgpd/noticias/2020/titular-gestao-direitos-lgpd>. Acesso em 22 de ago. 2020.

MARTORANO, Luciana; CRIVELIN, Letícia. Programa de adequação à lei geral de proteção de dados pessoais: como lidar com as vulnerabilidades? *Migalhas*. Disponível em: <https://www.migalhas.com.br/depeso/318241/programa-de-adequacao-a-lei-geral-de-protecao-de-dados-pessoais-como-lidar--com-as-vulnerabilidades>. Acesso em: 22 de ago. 2020.

MAGRANI, Eduardo. *Entre dados e robôs*: ética e privacidade na era da hiperconectividade. Porto Alegre: Arquipélago, 2019.

MONTANARO, Domingo. Gestão de vulnerabilidades. In: MALDONADO, Viviane Nóbrega. *LGPD Lei Geral de Proteção de Dados:* manual de implementação. São Paulo: RT, 2019.

MPF. *Caso Lava Jato*. Disponível em: <http://www.mpf.mp.br/grandes-casos/lava-jato/entenda-o-caso>. Acesso em: 18 de ago. 2020.

PECK, Patricia; CRESPO, Marcelo. *Brasil a um passo de ter sua Lei de Proteção de Dados Pessoais*. Disponível em: <https://cio.com.br/brasil-a-um-passo-de-ter--lei-de-protecao-de-dados-pessoais>. Acesso em: 12 de ago. 2020.

PEDROSA, Leyberson; MATSUKI, Edgard. *Entenda o caso Snowden; Petrobras também é alvo de espionagem*. Portal EBC. Disponível em: <https://www.ebc.com.br/tecnologia/2013/08/web-vigiada-entenda-as-denuncias-de-edward--snowden>. Acesso em: 23 de abr. 2020.

PENSANDO O DIREITO. *Proteção de dados pessoais*. Disponível em: <http://pensando.mj.gov.br/dadospessoais/>. Acesso em: 20 de jul. 2020.

PERNAMBUCO. *Decreto n° 48.809, de 14 de março de 2020*. Disponível em: <https://www.camara.leg.br/proposicoesWeb/prop_mostrarintegra?codteor=315848>. Acesso em: 14 de abr. 2020.

PGE. *Convenção Americana de Direitos Humanos (1969)*. (Pacto de San José da Costa Rica) Disponível em: <http://www.pge.sp.gov.br/ centrodeestudos/bibliotecavirtual/ instrumentos/sanjose.htm>. Acesso em: 05 de ago. 2020.

PINHEIRO, Patricia Peck. *Proteção de Dados Pessoais: comentários à Lei n° 13.709/2018 (LGPD)*. 2.ed. São Paulo: Saraiva Educação, 2020.

PORTO, Viviane de Araújo. *Descomplicando a Lei Geral de Proteção de Dados.* Goiânia: OM edições.
PRETA, Guilherme. Vazamento expõe dados de 267 milhões de usuários do Facebook. *Olhar Digital.* <https://olhardigital.com.br/noticia/vazamento-expoe-dados-de-267-milhoes-de-usuarios-do-facebook/94639> Acesso em: 23 de jul. 2020.
R7. *Google admite que escuta conversas de usuários com assistente virtual.* Disponível em: <https://noticias.r7.com/tecnologia-e-ciencia/google-admite-que-escuta-conversas-de-usuarios-com-assistente-virtual-12072019>. Acesso em: 20 de jul. 2020.
RODRIGUES, Paula Marques; VIEIRA, Alessandra Borelli. Educação como um dos pilares para a conformidade. In: BLUM, Renato Opice. (coord). *Proteção de Dados desafios e soluções na adequação à Lei.* Rio de Janeiro: Forense, 2020. Edição Kindle.
ROSA, Ana Paula; SALOMÃO, Soraya; JORDACE, Thiago. Compliance digital e trabalhista: implementação e principais áreas de atuação. In: MELLO, Cleyson de Moraes; MEZZAROBA, Orides; BORBA, Rogério. *Estudos em homenagem ao professor Aurélio Wander Bastos.* Rio de Janeiro: Processo, 2020.
SALGADO, Daniel. Conheça os guias e sites para reforçar sua segurança nas redes. *Época.* Disponível em: <https://epoca.globo.com/conheca-os-guias-sites--para-reforcar-sua-seguranca-nas-redes-23207104> Acesso em: 23 de jul. 2020.
SEBRAE. Disponível em: <https://www.sebrae.com.br/sites/PortalSebrae/artigos/design-thinking-inovacao-pela-criacao-de-valor-para-o-cliente,c06e-9889ce11a410VgnVCM1000003b74010aRCRD>. Acesso em: 20 de ago. 2020.
SENADO FEDERAL. *Nota de esclarecimento - Vigência da LGPD.* Disponível em: https://www12.senado.leg.br/assessoria-de-imprensa/notas/nota--de-esclarecimento-vigencia-da-lgpd>. Acesso em: 28 de ago. 2020.
SITE24x7. *Principais ferramentas de monitoramento de logs.* Disponível em: <https://site24x7.acsoftware.com.br/index.php/2018/07/26/principais-ferramentas-de-monitoramento-de-logs/?gclid=CjwKCAjwnK36B RB-VEiwAsMT8WG0 IyzN0Rchz KQ3i_3R312J3YLygqHtBZjzUNCJJ-vJfDE-UQZJk7hoC-TugQAvD_BwE>. Acesso em: 22 de ago. 2020.
SOUZA, Sylvio Capanema de; WERNER, José Guilherme Vasi; NEVES, Thiago Ferreira Cardoso. *Direito do consumidor.* Rio de Janeiro: Forense, 2018.
TECJUMP. *5 ferramentas de segurança da informação que você precisa conhecer.* Disponível em: <14 principais ferramentas para saber se você cumpre os requisitos do GDPR>. Acesso em: 22 de ago. 2020.
UNIÃO EUROPEIA. Regulamento (UE) 2016/679. RGPD. Disponível em: <https://eur-lex.europa.eu/legal-content/PT/ALL/?uri=CELEX%3A32016R0679> Acesso em: 10 de ago. 2020.

VAINZOF, Rony. Disposições preliminares. In: MALDONADO, Viviane Nóbrega; BLUM, Renato Opice. (coord). *LGPD*: Lei Geral de Proteção de Dados. São Paulo: RT, 2019.

VAINZOF, Rony. O que é o relatório de impacto à proteção de dados pessoais (RIPD)? *Opice Blum Academy*. Disponível em: <https://opiceblumacademy. com. br/2020/ 02/ripd-relatorio-impacto-protecao-dados-pessoais/#_ftn10>. Acesso em: 26 de ago. 2020.

VENTURA, Felipe. *Engenheiro da Cisco apagou 16 mil contas WebEx após demissão*. Disponível em: <https://tecnoblog.net/362875/engenheiro-da-cisco-apagou-16-mil--contas-webex-apos-demissao/>. Acesso em: 22 de ago. 2020.

WARREN, Samuel D., Brandeis, Louis D. The Right to Privacy. *Harvard Law Review*, v. 4, n. 5. (Dec. 15, 1890), pp. 193-220. Disponível em: <https://www.cs.cornell. edu/~shmat/courses/cs5436/warren-brandeis.pdf> Acesso em: 05 de ago. 2020.

SEGURANÇA DA INFORMAÇÃO

Eduardo Pereira Maroso

I. INTRODUÇÃO

A Lei Geral de Proteção de Dados – LGPD determina no capítulo VII – Da Segurança e das Boas Práticas as regras para a aplicação das medidas técnicas e administrativas para garantir a segurança dos dados pessoais durante sua coleta, processamento, armazenamento e descarte. Com a necessidade de as empresas implantarem boas práticas e técnicas computacionais para atender à legislação, é necessário garantir-lhes acesso às metodologias de obtenção à conformidade que será um processo contínuo dentro das organizações. Com este intuito, reuniram-se nesse capítulo diversos conceitos e métodos. Mas primeiramente é importante entender que o pilar base da Segurança da Informação é confidencialidade, integridade e disponibilidade, sendo estes conceitos fundamentais para aplicação em todos ambientes da proteção de dados, por isso é importante conceituar:

» **Confidencialidade** – Propriedade de que a informação não esteja disponível ou revelada a indivíduos, entidades ou processos não autorizados.

» **Integridade** – Propriedade de salvaguarda na exatidão e completeza de ativos. Garante que a informação não sofra alteração indevida. Proteção dos dados contra modificações não autorizadas, perdas, furtos e divulgação não autorizada;

» **Disponibilidade** - Propriedade de estar acessível e utilizável quando demanda por uma entidade autorizada. Os sistemas devem garantir redundância e disponibilidade, não devendo existir nem um "único ponto de falha".

Vale muito entender também os conceitos de ameaça e vulnerabilidade declarados abaixo:

» **Ameaça** – é todo e qualquer evento que possa explorar vulnerabilidades, que pode ser classificado em:

- Intencional;
- Não intencional;
- Ação da natureza.

Exemplos de ameaças: erros humanos, falhas de equipamento e programas, vandalismos, enchentes...

» **Vulnerabilidade** - é definida como uma condição que, quando explorada por um atacante, pode resultar em uma violação de segurança.

Por exemplo, quando o fabricante anuncia a atualização de um *software* para corrigir uma falha de segurança, torna essa notícia uma ameaça ao aplicativo. Caso o cliente não realize esta atualização, o aplicativo estará vulnerável aos ataques por meio desta falha divulgada. Por isso a importância da atualização dos programas sempre que anunciada pelo seu fabricante.

Todos esses conceitos serão base para a implantação de modelos seguros de proteção dos dados pessoais, pois as organizações terão impacto de como as pessoas, processos e tecnologias terão que se adequar às novas regras. Todas essas técnicas devem ser implementadas após análise jurídica sobre quais as bases legais e finalidades dos dados pessoais estão enquadradas na organização, bem como as políticas de privacidade e segurança da informação. Estes serão os norteadores para identificar quais medidas técnicas e administrativas que serão apropriadas para sua organização.

Vale ressaltar que a LGPD ainda prescinde de algumas regulamentações, dentre elas a definição dos padrões de medidas técnicas e administrativas. Diante desta lacuna, buscamos referenciar alguns métodos com base na ISO/IEC 27000[1], no GDPR[2] (Regulamento Geral de Proteção de Dados na União Europeia) e no CERT[3]. É um assunto inesgotável e de uma amplitude enorme, pois não existe um *framework* padrão que poderá ser aplicado para todas as empresas, porque sua maturidade e investimento são particulares ao seu modelo de negócio. Mesmo com essa dificuldade de um padrão existem fases do projeto de implementação que independem da estrutura da empresa e é de extrema importância desenvolver as fases abaixo:

Compromisso dos principais gestores

Todo o projeto de implementação precisa estar chancelado pela alta administração, que será provavelmente o fator mais significativo e com certeza irá fortalecer todas as fases do projeto. A falta deste compromisso poderá gerar o não engajamento da equipe operacional. Em contrapartida, a alta gestão necessita ser munida de informações para as tomadas de decisões, como, por exemplo:

- Qual impacto deste projeto no negócio principal da empresa?
- Qual o nível de investimento necessário?
- Qual o tempo necessário para implementação?
- Haverá continuidade sistemática após a conclusão?

Entre outros questionamentos que darão insumos de apoio da decisão sobre a implementação do projeto.

---

1 ABNT. *ISO/IEC 27000: Norma internacional de segurança da informação é revisada.* Disponível em: <http://www.abnt.org.br/noticias/5777-iso-iec--27000-norma-internacional-de-seguranca-da-informacao-e-revisada>. Acesso em: 25.08.2020.

2 EDPB. *Comitê Europeu para a Proteção de Dados.* Disponível em: <https://edpb.europa.eu/edpb_pt>. Acesso em: 25.08.2020.

3 CERT.BR. *Centro de Estudos, Resposta e Tratamento de Incidentes de Segurança no Brasil.* Disponível em: www.cert.br. Acesso em: 25.08.2020.

Papéis e Responsabilidades

Com o aval da alta administração, o passo seguinte é a composição do comitê que irá atuar diretamente com a proteção de dados. Por isso a formação da equipe multidisciplinar que geralmente é composta com profissionais das áreas jurídicas, recursos humanos, projetos e requisitos, *compliance* e tecnologia, que serão a estrutura organizacional é a base para sustentar todas as fases da implementação. Importante não haver uma quantidade excessiva de profissionais nestes comitês, o que não impede de cada membro desenvolver seus profissionais de apoio. Caso a organização não possua este quadro de profissionais em sua estrutura, é aconselhável que busque no mercado a contratação de especialistas com conhecimentos em LGPD.

Conscientização e Capacitação

Incentivar a adoção de boas práticas e a mudança na cultura sobre privacidade e proteção de dados em todos os níveis hierárquicos da organização será de grande valia ao projeto. Deve-se capacitar intensamente o comitê de proteção de dados para obter entendimento referente às medidas técnicas e administrativas que devem ser implantadas e o porquê. Aos demais colaboradores, mantê-los informados das políticas de privacidades, das normas e procedimentos de segurança da informação torná-los-ão aliados eficientes na proteção dos dados.

Agora que definimos estes primeiros passos importantes do projeto de implementação para atender às regras da LGPD, reuniremos alguns modelos e técnicas de segurança da informação que podem conduzir os profissionais a encontrar alguns caminhos a percorrer.

II. ORGANIZAÇÃO DA EMPRESA

Importante citar o art. 50 da Lei Geral de Proteção de Dados:

> Art. 50. Os controladores e operadores, no âmbito de suas competências, pelo tratamento de dados pessoais, individualmente ou por meio

SEGURANÇA DA INFORMAÇÃO

de associações, poderão formular regras de boas práticas e de governança que estabeleçam as condições de organização, o regime de funcionamento, os procedimentos, incluindo reclamações e petições de titulares, as normas de segurança, os padrões técnicos, as obrigações específicas para os diversos envolvidos no tratamento, as ações educativas, os mecanismos internos de supervisão e de mitigação de riscos e outros aspectos relacionados ao tratamento de dados pessoais.

Os controladores e operadores denominados pela LGPD como agentes de tratamento estão devidamente denominados[4] na legislação, mas aqui vamos buscar a compreensão de como os dados pessoais são tratados por cada um destes agentes que têm suas obrigações específicas. É importante determinar quais os propósitos e as finalidades para os tratamentos de dados processados e a forma como serão processados. Sendo este indício forte de quem determina estas ações considerar-se um controlador. Seguir um *checklist* desenvolvido pela ICO[5] torna mais claro como identificar um agente de tratamento como controlador ou operador, de acordo com a maior quantidade de ações, identificando:

1. Quem decide coletar os dados pessoais? Atenção para não confundir com quem faz a coleta; aqui estamos identificando quem decide.

2. Qual será o objetivo deste processamento? Realizar uma campanha de *marketing*, emitir uma nota fiscal, realizar um cadastro de clientes...

---

4 LGPD. Art. 5. VI - Controlador: pessoa natural ou jurídica, de direito público ou privado, a quem competem as decisões referentes ao tratamento de dados pessoais; VII - operador: pessoa natural ou jurídica, de direito público ou privado, que realiza o tratamento de dados pessoais em nome do controlador;

5 ICO. Autoridade de proteção de dados do Reino Unido. ICO. The UK's independent authority set up to uphold information rights in the public interest, promoting openness by public bodies and data privacy for individuals. Disponível em: <www.ico.org. uk>. Acesso em: 25.08.2020.

3. Quais dados devem ser coletados? Lembrando que os dados pessoais sensíveis[6] fazem parte deste *hall* de escolha.

4. Quem decide sobre quais indivíduos serão coletados? Mesmo não havendo uma segmentação por alguma classificação, definir que não haverá perfil específico também é uma decisão.

5. Existe algum ganho financeiro ou comercial sobre o processamento? Considerar no âmbito do ganho comercial os tratamentos de dados pessoais realizados sem nenhum benefício financeiro.

6. Possui uma relação direta com o titular[7] dos dados pessoais?

7. Designa para terceiros a forma como devem ser processados os dados pessoais? Ou seja, se os dados pessoais coletados serão encaminhados para outra instituição ou pessoa que fará algum tratamento nos dados pessoais.

8. Os dados pessoais coletados são dos seus colaboradores na empresa?

9. Decide o tempo de armazenamento ou guarda dos dados pessoais?

Se a maioria das perguntas for identificada como atividades que a empresa executa ou processa, existe grande probabilidade de que seja classificada como CONTROLADOR.

Vamos aproveitar para verificar um *checklist* para um OPERADOR:

1. Está cumprindo instruções de outra empresa para processar os dados pessoais?

2. Recebe base de dados pessoais de outra instituição?

3. Não decide quais dados pessoais deve coletar e, também, como devem ser processados?

---

6 LGPD Art. 5, II - dado pessoal sensível: dado pessoal sobre origem racial ou étnica, convicção religiosa, opinião política, filiação a sindicato ou a organização de caráter religioso, filosófico ou político, dado referente à saúde ou à vida sexual, dado genético ou biométrico, quando vinculado a uma pessoa natural;

7 LGPD Art.5, V - titular: pessoa natural a quem se referem os dados pessoais que são objeto de tratamento;

SEGURANÇA DA INFORMAÇÃO

4. Decide classificar a base legal[8] dos dados pessoais tratados?

5. Decide a definição das finalidades[9] de tratamento?

6. Decide sobre algumas decisões de como os dados são processados?

7. Os resultados do processamento não interferem na sua relação com os titulares?

Note que a maioria das perguntas utiliza como base as obrigações e deveres dos controladores e operadores sobre o processamento dos dados pessoais. Vale destacar o Art. 37[10] que obriga a responsabilidade dos registros de todas as informações para ambos agentes. Quanto à necessidade de registrar todos os tratamentos, vamos analisar o seguinte ciclo de vida básico que os dados transitam nas seguintes fases: coleta, processamento, armazenamento e descarte ao término do tratamento.

A) Coleta

Esse é o primeiro tratamento de dado relacionado no Art.5[11], sendo a etapa inicial das atividades que devem compor os primeiros registros, respeitando as hipóteses de tratamento, os princípios dos titulares e demais regramentos definidos na LGPD. É importante lembrar que os tratamentos que deverão obedecer às regras não serão aplicados apenas aos novos dados pessoais obtidos, mas também a

---

8 LGPD Art. 7º - O tratamento de dados pessoais somente poderá ser realizado nas seguintes hipóteses:

9 LGPD Art. 6, I - finalidade: realização do tratamento para propósitos legítimos, específicos, explícitos e informados ao titular, sem possibilidade de tratamento posterior de forma incompatível com essas finalidades;

10 LGPD Art. 37 - O controlador e o operador devem manter registro das operações de tratamento de dados pessoais que realizarem, especialmente quando baseado no legítimo interesse.

11 LGPD Art.5, X - tratamento: toda operação realizada com dados pessoais, como as que se referem a coleta, produção, recepção, classificação, utilização, acesso, reprodução, transmissão, distribuição, processamento, arquivamento, armazenamento, eliminação, avaliação ou controle da informação, modificação, comunicação, transferência, difusão ou extração;

todo o legado existente dentro da empresa. A partir do momento em que a LGPD está em vigor, não haverá distinção de dados novos ou antigos; todos estarão obrigados a ser tratados de acordo com as regras dispostas na LGPD.

Os dados podem ser coletados por diversos canais de tecnologia ou até mesmo de forma manual quando se preenche um formulário manualmente. Por tratar-se de grandes bases de dados e terem maior grau de risco de vazamento, vamos demonstrar algumas formas de coleta de dados.

O que acontece em 1 minuto na *Internet*?

» 41,6 milhões de mensagens enviadas no *Facebook Messenger* e no *WhatsApp*;
» 390 mil aplicativos baixados na *Google Play* e na *Apple Store*.
» 87 mil pessoas tuitando.
» 1 milhão de logins no *Facebook*

Fonte: UOL.[12]

O volume de dados que trafega na *Internet* tem uma escala exponencial de crescimento e que muitas vezes vai além de nossa capacidade de entender como transitam tantos dados. E a coleta destes dados pode ocorrer através dos seguintes canais:

1. Formulário eletrônico de cadastro (*login*, notícias, carrinho de compras entre outros);
2. *Cookies*, estes pequenos arquivos atrelados aos *sites* conhecidos por sua capacidade de captura automatizada conforme sua função. São um tipo de etiqueta exclusiva do *site* que você

---

[12] PEZOTTI, Renato. Com 3,9 bilhões de usuários no mundo, o que acontece na web em um minuto? In: UOL. Disponível em: <https://economia.uol.com.br/noticias/redacao/2019/04/01/com-39-bilhoes-de-usuarios-no-mundo-o-que-acontece-na-web-em-um-minuto.htm>. Acesso em: 25.08.2020.

está visitando. Eles estão divididos pelo tipo de dados que capturam, conforme classificados abaixo:

- **Cookie de Navegação** - Um exemplo básico desse tipo de *cookie* são os *sites* de compras do tipo *e-commerce*.[13] Imagina se cada vez que colocarmos algum produto novo no carrinho de compra o *site* esquece o produto que você colocou no carrinho anteriormente? Esse tipo de *cookie* ajuda com as suas preferências no *site* para tornar a navegação mais inteligente e fácil. Ele não armazena dados do seu computador e não coleta dados pessoais sem o seu consentimento; e, ao sair do *site*, eles são apagados automaticamente.

- **Cookie Persistentes ou Primários** - Estes são armazenados em seu equipamento de navegação utilizados para manter informações de escolhas realizadas no *site*, como, por exemplo, o idioma que você escolheu. Dessa forma, quando você retornar ao *site*, estará no idioma selecionado anteriormente. Esse *cookie* não é excluído ao fechar o navegador ou mesmo reiniciando seu aparelho. Geralmente possui um prazo de validade de um a dois anos, mas também é possível exclui-lo manualmente.

- **Cookie de Terceiros** - Esse tipo de *cookie* não traz benefícios para o visitante do *site*. Esse tipo de ação captura seu perfil de consumo, informações de sua localização, informações sobre suas preferências e de seu equipamento. Essas são as maiores razões para tornar esse *cookie* uma má reputação.

A LGPD não fala especificamente na palavra *cookie*, mas o Artigo 5º é muito claro; "I - dado pessoal: informação relacionada à pessoa natural identificada ou identificável;" ou seja, se o *cookie* conseguir coletar dados pessoais sem o consentimento do visitante está sujeito às penalidades da lei.

---

13 *E-commerce* é a abreviação em inglês de *eletronic commerce*, que significa "comércio eletrônico" em português. Disponível em: <https://www.significados.com.br/e-commerce/>. Acesso em: 25.08.2020.

Para atender a essa conformidade com a LGPD, o *site* deve demonstrar de forma clara, visível e acessível o pedido de consentimento para coleta das informações, mesmo sendo apenas o uso de *cookie* de sessão. Essa autorização pode ser realizada através de um *"opt-in"* (expressão da vontade de um usuário de *Internet* ou *mobile*, afastando-se sua presunção de aceite pelo silêncio[14]), lembrando que a finalidade deve ser exclusiva de acordo com o informado na autorização.

B) Processamento dos dados pessoais

Os dados coletados em *site* de forma automatizada ou por inserção do visitante ou mesmo em sistemas de ERP[15], aplicativos de escritório e qualquer outra forma de tratamento de dados pessoais, devem possuir um registro de cada ação efetuada. Dessa forma, todos os registros referentes aos dados pessoais que forem processados devem conter de preferência os seguintes registros nos arquivos de LOG[16]:

1. Dado pessoal

2. Usuário que realizou o tratamento

3. Data / hora

4. Qual ativo utilizado (computador/celular/*notebook*)

5. Base legal identificada

6. Finalidade

7. Na prática devem ser registrados conforme tabela exemplo a seguir:

---

14 WIKIPEDIA. *Opt-in*. Disponível em: <https://pt.wikipedia.org/wiki/Opt-in>. Acesso em: 25.08.2020.

15 ERP É um sistema de informação que interliga todos os dados e processos de uma organização em um único sistema. A interligação pode ser vista sob a perspectiva funcional (sistemas de finanças, contabilidade, recursos humanos, fabricação, *marketing*, vendas, compras etc.). Disponível em: <https://pt.wikipedia.org/wiki/Sistema_integrado_de_gestão_empresarial>. Acesso em: 25.08.2020.

16 LOG de dados é uma expressão utilizada para descrever o processo de registro de eventos relevantes. Disponível em: <https://pt.wikipedia.org/wiki/Log_de_dados>. Acesso em: 25.08.2020.

Registro 01

Data / Hora	01 de julho de 2020 / 14h11min.
Usuário	emissor_nota-fiscal
Equipamento	IP 182.162.1.10
Dado Pessoal	Nome do Titular
Base Legal	Execução de Contrato
Finalidade	Emissão de Nota Fiscal

Registro 01

Data / Hora	01 de julho de 2020 / 14h14min.
Usuário	Mkt_user1
Equipamento	IP 182.162.1.12
Dado Pessoal	Nome do Titular
Base Legal	Consentimento
Finalidade	Campanha *Marketing*

E assim por diante!

Geralmente estes registros são realizados por sistemas informatizados e gerados no arquivo *log* ou conhecido também como arquivo de trilha. Consulte seu fornecedor ou sua equipe de TI sobre o assunto. Muitos sistemas já possuem a geração de arquivos de *log*, mas atenção às novas exigências da LGPD quanto à sua finalidade e base legal. Elas serão sua contraprova em caso de demonstrar o tratamento para algum agente fiscalizador ou para a própria ANPD (Autoridade Nacional de Proteção de Dados).

C) Anonimização e pseudonimização

De acordo com a LGPD, um dado é anonimizado[17] quando utiliza meios técnicos (geralmente sistema informáticos) no momento do tratamento por meios dos quais um dado perde a possibilidade de associação, direta ou indireta, a um indivíduo. O uso desses meios técnicos é possível para tornar a identificação irreversível e que o dado não seja vinculado a um titular de forma direta ou indireta. E se por meios técnicos e outros seja possível descobrir ou vincular esse dado que possa identificar uma pessoa, então de fato não é um dado anonimizado e sim apenas um dado pseudonimizado.

Na prática vivenciamos exemplos de dados anonimizados durante as campanhas eleitorais, quando são demonstrados os resultados das pesquisas, mas não é possível identificar nenhum dado pessoal. No entanto, se houver uma maneira de retroceder o processo ou utilizar outras técnicas cujo resultado seja a identificação do indivíduo, essa técnica é considerada uma pseudonimização. Como exemplo a publicação da lista de candidatos aprovados que consta apenas o número da inscrição é considerado um dado pseudonimizado, pois, combinado com outra base de dados em que constam o nome e a inscrição, é possível identificar a pessoa.

Além dos conceitos técnicos, a implementação dessas medidas minimiza os riscos de que algum dado possa ter sua integridade violada. O GDPR (Regulamento de Proteção de Dados na União Europeia) destaca em sua legislação o seguinte considerando:

> GDPR – Considerando (28) - A aplicação da pseudonimização aos dados pessoais pode reduzir os riscos para os titulares de dados em questão e ajudar os responsáveis pelo tratamento e os seus subcontratantes a cumprir as suas obrigações de proteção de dados. A introdução explícita da 'pseudonimização' no presente regulamento não se destina a excluir eventuais outras medidas de proteção de dados.

---

17 LGPD Art. 5º, III - dado anonimizado: dado relativo a titular que não possa ser identificado, considerando a utilização de meios técnicos razoáveis e disponíveis na ocasião de seu tratamento;

D) Publicação sobre os tratamentos

> Art. 23 - O tratamento de dados pessoais pelas pessoas jurídicas de direito público...
> I - sejam informadas as hipóteses em que, no exercício de suas competências, realizam o tratamento de dados pessoais, fornecendo informações claras e atualizadas sobre a previsão legal, a finalidade, os procedimentos e as práticas utilizadas para a execução dessas atividades, em veículos de fácil acesso, preferencialmente em seus sítios eletrônicos;

No artigo fica clara a necessidade de que os dados coletados estejam disponíveis, atendendo também aos princípios definidos na LGPD em seu artigo 6º quanto à sua finalidade, adequação, livre acesso, qualidade, transparência, segurança, não discriminação e reforçando a necessidade da publicidade do último item do artigo:

> X - Responsabilização e prestação de contas: demonstração, pelo agente, da adoção de medidas eficazes e capazes de comprovar a observância e o cumprimento das normas de proteção de dados pessoais e, inclusive, da eficácia dessas medidas.

Uma das formas de realizar essa publicidade é a disponibilização no sítio eletrônico da empresa, informações de contato com o encarregado de proteção de dados[18], destacando seus contatos, como, por exemplo, *e-mail* ou até mesmo disponibilização de um formulário de contato para que o solicitante possa registrar seu pedido. As empresas públicas devem estar atentas à Lei de Acesso à Informação (LAI) que possui regras de forma de estruturação da informação e o uso do compartilhamento previsto no art. 8º, § 3º da Lei no 12.527/2011.

---

18 LGPD Art. 41. O controlador deverá indicar encarregado pelo tratamento de dados pessoais. § 1º A identidade e as informações de contato do encarregado deverão ser divulgadas publicamente, de forma clara e objetiva, preferencialmente no sítio eletrônico do controlador.

III. CICLO DE VIDA DOS DADOS

> Art. 5º - X - tratamento: toda operação realizada com dados pessoais, como as que se referem a coleta, produção, recepção, classificação, utilização, acesso, reprodução, transmissão, distribuição, processamento, arquivamento, armazenamento, eliminação, avaliação ou controle da informação, modificação, comunicação, transferência, difusão ou extração;

Em diversos momentos a LGPD possui referências quanto ao ciclo de vida dos dados. Por exemplo, o Art. 15[19] fala especificamente sobre o término do tratamento do dado pessoal, além do Art. 18[20] que determina os direitos dos titulares. Vamos entender quais são os ciclos de vida do dado pessoal:

III.1. COLETA

O processo de obtenção dos dados que serão tratados precisa atender a uma finalidade específica e, nesse momento, é necessário estabelecer um plano de ação para que sejam coletados apenas os dados pessoais necessários e o mínimo possível. Para o sucesso desse processo, pode-se destacar um *checklist* para essa atividade:

a. Quais dados pessoais serão necessários?

b. Qual o resultado esperado desse tratamento?

c. Onde coletar os dados pessoais?

d. Como serão coletados os dados pessoais?

e. Possui autorização para coleta dos dados pessoais?

f. Qual a integridade e qualidade do dado pessoal?

g. Como identificar sua procedência?

---

19 LGPD - Art. 15. O término do tratamento de dados pessoais ocorrerá nas seguintes hipóteses...

20 LGPD - Art. 18. O titular dos dados pessoais tem direito a obter do controlador, em relação aos dados do titular por ele tratados, a qualquer momento e mediante requisição.

SEGURANÇA DA INFORMAÇÃO

O início da coleta dos dados é o momento em que os dados ultrapassam a fronteira entre a pessoa e a aplicação e/ou formulário contendo os dados pessoais, inclusive os dados pessoais sensíveis[21] definidos na LGPD. Esteja muito atento nesse processo, porque ele pode inviabilizar todo seu projeto.

III.2. PROCESSAMENTO

Com o avanço dos ambientes digitais na nuvem, hoje armazenar 100 *gigabytes* não custa U$ 2,00, por isso o incentivo para armazenar dados além do necessário traz a sensação de que é mais barato guardar do que fazer uma higienização na base de dados, ou seja, armazenar apenas aquilo que interessa aos objetivos.

Nesse momento do processamento dos dados coletados da fase anterior, surgem novas questões a serem definidas:

a. Quais os dados pessoais serão armazenados e quais serão descartados?

b. Classificar dados pessoais e dados pessoais sensíveis.

c. Quais as finalidades utilizadas para o tratamento dos dados?

d. Como garantir a segurança dos dados?

e. Classificar os riscos à privacidade dos titulares.

f. Como transferir esses dados para outras bases de dados?

g. Garantir a qualidade dos dados durante todo o processamento.

h. Garantir que os dados estejam disponíveis apenas aos agentes autorizados.

Nota-se que esses assuntos descritos acima representam a necessidade maior de conhecimentos técnicos em Ciência da Computação. Por isso que a adequação da LGPD sempre será um processo multidisciplinar, mas é de responsabilidade do Encarregado de Proteção

---

21 LGPD. Art.5- II - dado pessoal sensível: dado pessoal sobre origem racial ou étnica, convicção religiosa, opinião política, filiação a sindicato ou a organização de caráter religioso, filosófico ou político, dado referente à saúde ou à vida sexual, dado genético ou biométrico, quando vinculado a uma pessoa natural;

de Dados ter conhecimento sobre os processos, salvo caso quando o mesmo não dominar as técnicas de computação necessárias.

Exemplificando o processamento dos dados pessoais, podemos analisar o momento da emissão de uma nota fiscal, onde os dados já foram coletados na inclusão do cliente no sistema. Nesse ato, o usuário acessa os dados do cliente (nome, endereço, cidade, ...) que precisam estar disponíveis, seguros quanto ao armazenamento e disponíveis ao acesso, garantindo a confiabilidade dos dados; não se esquecendo da necessidade do registro dessa tarefa, conforme descrito anteriormente, sobre os arquivos de *log*. Nesse exemplo foi realizada apenas uma consulta, mas todos os processos de alteração, inclusão, transferência e transmissão dos dados pessoais são considerados tratamentos.

III.3. DESCARTE OU EXCLUSÃO

Após a coleta, quando identificados os dados pessoais que não são mais necessários para o processamento ou quando for identificado que os dados armazenados já não são mais úteis, devem ser excluídos. Mas para execução dessa tarefa faz-se necessário observar os seguintes pontos:

a. Valide todas as obrigações legislativas quanto ao tempo de vida do dado.

b. Identifique todos os possíveis locais onde esse dado possa estar replicado.

c. Esse dado não prejudica a qualidade do conjunto de dados ao qual pertence.

d. Garantir que os dados sejam descartados com segurança técnica.

Lembrando que o Artigo 16 da LGPD obriga a exclusão dos dados pessoais após o processamento podendo apenas ser mantido para as seguintes finalidades:

> I - cumprimento de obrigação legal ou regulatória pelo controlador;

SEGURANÇA DA INFORMAÇÃO

II - estudo por órgão de pesquisa, garantida, sempre que possível, a anonimização dos dados pessoais;

III - transferência a terceiro, desde que respeitados os requisitos de tratamento de dados dispostos nesta Lei; ou

IV - uso exclusivo do controlador, vedado seu acesso por terceiro, e desde que anonimizados os dados.

IV. GESTÃO DE RISCOS

Antes de aprofundar acerca das medidas técnicas e administrativas, é preciso entender qual o contexto, como se identificam e se analisam os possíveis riscos. Iniciando pelo conceito de ISO 31000, uma norma da família de gestão de risco criada pela International Organization for Standardization, o Risco é definido como sendo o "efeito da incerteza nos objetivos", ou podemos definir também como a probabilidade de um evento acontecer, seja ele uma ameaça, quando negativo, seja uma oportunidade, quando positivo. A probabilidade também pode ser medida através de duas metodologias: estimativa quantitativa e qualitativa que, segundo a própria ISO 27005, "podem ser avaliadas de várias maneiras, incluindo a abordagem quantitativa (usando-se, por exemplo, uma unidade monetária), a qualitativa (que pode ser baseada no uso de adjetivos qualificadores tais como moderado ou severo) ou ainda uma combinação de ambas".

Para efeitos dos presentes estudos, a seguir destacar-se-á a ISO 27005[22] que trata da Gestão de Riscos de Segurança de Informação. Essa faz parte de um conjunto maior de padrões no sistema de gerenciamento de segurança da informação (ISMS), a série ISO / IEC 27000[23]. Essas normas são amplas e não temos a pretensão de aprofundar-nos em todos os conceitos

---

22 ABNT. ISO 27005. Disponível em: <https://www.abntcatalogo.com.br/norma.aspx?ID=89327>. Acesso em: 31.08.2020.

23 ABNT. ISO 27000. *Norma internacional de segurança da informação é revisada.* Disponível em: <http://www.abnt.org.br/noticias/5777-iso-iec-27000-norma-internacional-de-seguranca-da-informacao-e-revisada>. Acesso em: 20.08.2020.

e diretrizes delas. A figura 1 retrata todos os passos para conformidade da gestão de riscos de segurança da informação, mas os tratamentos podem modificar conforme as medidas implantadas na empresa. Por isso vamos elencar os pontos da figura 2 como os passos que todas as organizações devem desenvolver independentemente do seu porte.

Figura 1- Processo de Gestão de Risco

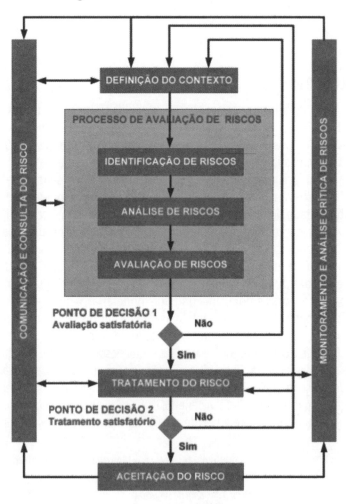

Fonte: ISO 27005.

1) Definição do contexto

Identificar quais os fatores internos e externos que a organização deseja serem contemplados no gerenciamento de risco, definindo os objetivos, estratégias, e os processos. No ambiente externo podemos considerar, por exemplo, o cenário de ataques cibernéticos, os indicadores financeiros do mercado, concorrência. Quanto ao ambiente interno, podemos considerar: quantidade de dados armazenados, falta de conscientização dos colaboradores, entre outros.

2) Identificação de riscos

Antes de identificar os possíveis riscos, é necessário definir a probabilidade e o impacto desses eventos ocorrerem, obtendo o resultado do potencial risco. O primeiro passo é ter parâmetros de escala para cada classificação, por exemplo:

Escala	Descrição	Peso
ALTO	Ocorre x vezes em y tempo	15
MÉDIO	Ocorre x vezes em y tempo	10
BAIXO	Ocorre x vezes em y tempo	5

Quadro 1

Outro modelo de classificar é o risco:

Nível do Risco	Descrição	Peso
Desprezível	- Não ocorrem lesões. - Podem ocorrer casos de primeiros socorros ou tratamento médico (sem afastamento). - Sem danos ou com danos insignificantes aos equipamentos e /ou instalações. - Os sistemas de T I ficaram inoperantes até 5 minutos.	1

Prejudicial	- Lesões de graves a moderadas de pessoas. - Danos severos a equipamentos e/ou instalações. - Os sistemas de TI ficaram inoperantes até 30 minutos.	3
Extremamente prejudicial	- Provoca morte ou lesões graves nas pessoas. - Danos irreparáveis a equipamentos ou instalações (reparação lenta ou impossível). Acionado *site* alternativo. - Perda de dados e informações. - Clientes sem atendimento.	5

Quadro 2

Para a Matriz de Probabilidade e Impacto que servirá de apoio à identificação dos riscos, usaremos como base a figura 1:

Probabilidade			
15	75	150	225
10	50	100	150
5	25	50	75
	5	10	15	Impacto

Até 50 pontos – BAIXO
Maior que 50 até 100 – MÉDIO
Maior que 100 - ALTO

3) Estimativa do risco

Nesse momento é necessário decidir o que vai ser feito em relação a cada risco: reduzir (novos controles), aceitar, evitar ou transferir.

Com essas matrizes desenvolvidas anteriormente, o comitê de proteção de dados da organização poderá identificar o nível de risco de um tratamento de dados pessoais e designar sua estimativa do risco. Vamos aos exemplos:

Tratamento	Probabilidade	Impacto	Nível
Coletar dados pessoais sem consentimento.	10	15	150 – ALTO
Compartilhar dados pessoais com terceiros.	5	10	50 – MÉDIO
Retenção dos dados superior ao prazo definido.	5	5	25 - BAIXO

4) Avaliação de riscos

Nesse último tópico do nosso breve estudo sobre a ISO 27005, faz-se necessária a tomada de decisão referente às medidas técnicas e administrativas por meio de avaliação das prioridades identificadas na matriz de probabilidade e impacto do tratamento em conjunto com a disponibilidade dos recursos financeiros e operacionais definidos no escopo do projeto - nossa primeira fase. Teoricamente, os riscos com maior impacto devem ser minimizados rapidamente para que as vulnerabilidades deixem de promover o maior impacto aos negócios.

Esses quatro tópicos de que tratamos são uma pequena base sobre a Gestão de Riscos – ISO 27005 que propomos apenas para nortear e introduzir conceitos importantes sobre os riscos que os tratamentos de dados podem sofrer durante o seu ciclo de vida. Recomendo um estudo completo desse assunto pelo comitê de proteção dos dados, além das demais ISO que compõem a família da ISO 27000.

V. MEDIDAS TÉCNICAS E ADMINISTRATIVAS

Na LGPD os agentes de tratamento (controladores e operadores) devem adotar medidas técnicas e administrativas que sejam aptas a proteger os dados pessoais, conforme descrito nos artigos abaixo:

> Art. 6º - VII - segurança: utilização de medidas técnicas e administrativas aptas a proteger os dados pessoais de acessos não autorizados e de situações acidentais ou ilícitas de destruição, perda, alteração, comunicação ou difusão;
>
> Art. 46. Os agentes de tratamento devem adotar medidas de segurança, técnicas e administrativas aptas a proteger os dados pessoais de acessos não autorizados e de situações acidentais ou ilícitas de destruição, perda, alteração, comunicação ou qualquer forma de tratamento inadequado ou ilícito.
>
> Art. 35. § 5º As garantias suficientes de observância dos princípios gerais de proteção e dos direitos do titular referidas no caput deste artigo serão também analisadas de acordo com as medidas técnicas e organizacionais adotadas pelo operador, de acordo com o previsto nos §§ 1º e 2º do art. 46 desta Lei.

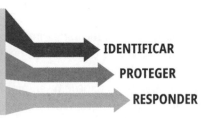

Fonte: elaborado pelo autor.

Dentro dessa metodologia a concretização dos objetivos propostos são:

V.1. IDENTIFICAR

Pretende-se estabelecer um entendimento no contexto da organização quanto à sua rede de computadores, sistemas de informações e demais ativos. Conhecer a forma como que a empresa está estruturada permite priorizar de forma planejada os recursos financeiros e humanos. Dessa forma, podemos elencar algumas medidas técnicas e administravas nesta fase:

1.1) Inventário de Ativos

Coletar e registrar todos os dispositivos físicos como computadores, impressoras, equipamentos de rede existentes na empresa de forma a garantir o mapeamento organizado deste patrimônio. As informações mínimas que devem ser registradas são:

Equipamentos

a. Número identificação;
b. Tipo de equipamento;
c. Localização;
d. Modelo;
e. Marca;
f. Endereço IP;
g. Responsável pelo equipamento;
h. Contato do Responsável;
i. Unidades de acesso (*usb, serial, dvd*...);
j. Sistema operacional;
k. Data final da garantia.

Aplicações e licenças

a. Produto;
b. Categoria;
c. Quantidade total e quantidade em uso;
d. Número de série;
e. Data vencimento;

f. Responsável técnico;
g. Fornecedor;
h. Nível de criticidade (alto/médio/baixo).

1.2) Topologia da Rede

A forma como sua rede de computadores está organizada é importante para o mapeamento do fluxo de dados de seus sistemas. Existem diversas formas de uma rede de computadores estar organizada, sendo suas formas mais convencionais exemplificadas nos modelos abaixo:

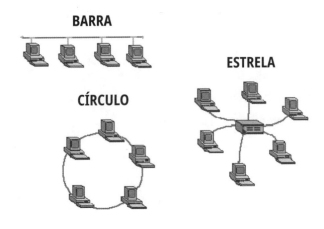

Fonte: FROSI, Luciano. *Redes de computadores.* p. 29.

1.3) Gestão de Recursos Humanos

É necessário que a organização estabeleça políticas de gestão desses recursos, tanto internas quanto terceiras, estabelecendo critérios de procedimentos, protocolos e acompanhamentos. Defina formas de identificação, controle de acesso com registro, registro das atividades executadas, acompanhamento das atividades e manutenção do histórico atualizado e acessível aos gestores.

1.4) Política de Segurança

Além de ser um elemento estratégico, a criação de uma política de segurança é pilar essencial para sustentar uma estrutura de cibersegurança eficiente. É importante que tenha aprovação do *staff* da empresa e o envolvimento e compromisso por parte de todos os colaboradores. De forma prática, uma Política de Segurança deve contemplar os seguintes pontos:

a. Políticas de controle de acesso e senhas;

b. Uso de *e-mail* corporativo;

c. Normas de uso da *Internet*;

d. Utilização e instalação de aplicativos nos dispositivos;

e. Formas de auditorias de segurança.

1.5) Política de Privacidade

Esse documento refere-se a informações específicas e claras sobre quais dados e a forma como serão coletados os dados pessoais, como serão armazenados, a finalidade, tempo de retenção entre outras normas de proteção de dados dos usuários de *site* e aplicativos. O documento deve contemplar também os seguintes pontos:

a. Transparência no compartilhamento dos dados coletados;

b. Clareza sobre os *cookies* utilizados;

c. No caso de dados financeiros, a garantia de segurança na transação;

d. Método de cancelamento de assinatura e recebimento de mensagens;

e. Regras específicas de tratamento de dados de crianças e adolescentes;

f. Segurança adicional aos dados pessoais sensíveis;

g. Autorização do consentimento e como revogar o mesmo.

E, por fim, destacar a data da última atualização e versão atualizada que estão disponíveis.

1.6) Mapeamento dos dados

Considerado documento de extrema relevância no processo de adequação. A LGPD no art. 37[24] demonstra esta importância e obrigação por parte do controlador e do operador em registrar todas as operações de tratamento. Para essa tarefa, considerada uma das que exigem maior esforço da equipe, é necessário identificar e refletir o caminho que o dado pessoal transita pelos sistemas até o seu apagamento.

Mas como identificar as informações necessárias? O GDPR (Regulamento Geral de Proteção de Dados da União Europeia), em seu art. 30, regulamenta o registro das operações de tratamento de dados pessoais que passa a ser uma fonte importante para a adequação da LGPD do uso da legislação europeia, pois nossa legislação foi inspirada no GDPR. Nesse intuito, o artigo está descrito abaixo traduzido na versão português de Portugal.

GDPR - Artigo 30. Registos das atividades de tratamento

1. Cada responsável pelo tratamento e, sendo caso disso, o seu representante conserva um registo de todas as atividades de tratamento sob a sua responsabilidade. Desse registo constam todas seguintes informações:

a) O nome e os contactos do responsável pelo tratamento e, sendo caso disso, de qualquer responsável conjunto pelo tratamento, do representante do responsável pelo tratamento e do encarregado da proteção de dados;

b) As finalidades do tratamento dos dados;

c) A descrição das categorias de titulares de dados e das categorias de dados pessoais;

d) As categorias de destinatários a quem os dados pessoais foram ou serão divulgados, incluindo os destinatários estabelecidos em países terceiros ou organizações internacionais;

---

24 LGPD - Art. 37. O controlador e o operador devem manter registro das operações de tratamento de dados pessoais que realizarem, especialmente quando baseado no legítimo interesse.

SEGURANÇA DA INFORMAÇÃO

e) Se for aplicável, as transferências de dados pessoais para países terceiros ou organizações internacionais, incluindo a identificação desses países terceiros ou organizações internacionais e, no caso das transferências referidas no artigo 49., n. 1, segundo parágrafo, a documentação que comprove a existência das garantias adequadas;

f) Se possível, os prazos previstos para o apagamento das diferentes categorias de dados;

g) Se possível, uma descrição geral das medidas técnicas e organizativas no domínio da segurança referidas no artigo 32., n. 1.

2. Cada subcontratante e, sendo caso disso, o representante deste, conserva um registo de todas as categorias de atividades de tratamento realizadas em nome de um responsável pelo tratamento, do qual constará:

a) O nome e contactos do subcontratante ou subcontratantes e de cada responsável pelo tratamento em nome do qual o subcontratante atua, bem como, sendo caso disso do representante do responsável pelo tratamento ou do subcontratante e do encarregado da proteção de dados;

b) As categorias de tratamentos de dados pessoais efetuados em nome de cada responsável pelo tratamento;

c) Se for aplicável, as transferências de dados pessoais para países terceiros ou organizações internacionais, incluindo a identificação desses países terceiros ou organizações internacionais e, no caso das transferências referidas no artigo 49., n. 1, segundo parágrafo, a documentação que comprove a existência das garantias adequadas;

d) Se possível, uma descrição geral das medidas técnicas e organizativas no domínio da segurança referidas no artigo 32., n. 1.

121

> 3. Os registros a que se referem os n. os 1 e 2 são efetuados por escrito, incluindo em formato eletrônico.
>
> 4. O responsável pelo tratamento e, sendo caso disso, o subcontratante, o representante do responsável pelo tratamento ou do subcontratante, disponibilizam, a pedido, o registo à autoridade de controlo.

A LGPD não define qual o conteúdo mínimo e exceções, mas, com base nos motivos trazidos por Furtado[25] que elenca os principais pontos para a realização do mapeamento, destacamos alguns, sendo:

a. Cumprimento do princípio de responsabilização e da prestação de contas;

b. Para fins de fiscalização da ANPD;

c. Cumprimento do princípio da transparência;

d. Atendimento do direito à confirmação da existência de tratamento e direito de acesso.

Para facilitar os registros dos dados pessoais vale seguir o roteiro abaixo como referência:

A. QUEM?

Quem envia a informação?	Banco, Hospital, *Site* de Compras, Seguradora, Comércio...
Direção do fluxo	Entrando ou saindo da empresa
Destinatário	Banco, Hospital, *Site* de Compras, Seguradora, Comércio...

---

25 FURTADO, Tiago Neves. Registro das operações de tratamento de dados pessoais - *data mapping - data discovery*: porque é importante e como executá-lo. In: VAINZOF, Rony; OPICE BLUM, Renato; FABRETTI, Henrique. Data Protection Officer: Teoria e Prática de Acordo com a LGPD e o GDPR. São Paulo: Revista dos Tribunais, 2020.

B. O QUÊ?

Item dos dados	- Dados do paciente; nome/registro/contatos... - Dados financeiros - Emissão de NF....
Tipo de conteúdo	- Dados pessoais - Dados pessoais sensíveis
Mídia	- Papel - Transferência *Internet* - Armazenamento digital

C. ONDE?

Onde estão os dados armazenados antes de serem enviados ou depois de terem sido recebidos?	- Pasta física - Disco Computador - Disco de *Backup* - Nuvem
Como o armazenamento de dados é protegido?	- Senha de usuário - Pasta protegida - Criptografado - Nenhum
Mídia	- Papel - Transferência *Internet* - Armazenamento digital

D. QUANDO?

Número de registros por transferência	Pode criar faixas que se adequem melhor à empresa
Método utilizado para a transferência	- *E-mail* - Transferência *Internet* - Dispositivos externos

1.7) Finalidade / bases legais

Conforme Art. 6º

I - finalidade: realização do tratamento para propósitos legítimos, específicos, explícitos e informados ao titular, sem possibilidade de tratamento posterior de forma incompatível com essas finalidades;

E as BASES LEGAIS descritas no Art. 7º:

I - mediante o fornecimento de consentimento pelo titular;
II - para o cumprimento de obrigação legal ou regulatória pelo controlador;
III - pela administração pública;
IV - para a realização de estudos por órgão de pesquisa;
V - quando necessário para a execução de contrato
VI - para o exercício regular de direitos em processo judicial;
VII - para a proteção da vida ou da incolumidade;
VIII - para a tutela da saúde;
IX - quando necessário para atender aos interesses legítimos do controlador ou de terceiro;
X - para a proteção do crédito;

Concluindo o capítulo sobre mapeamento de dados, gostaria de trazer o pensamento do Furtado[26]: "... a determinação das informações que servirão para a construção do referido registro é extremamente importante, uma vez que o grande objetivo será conectá-las com as políticas e os procedimentos internos do programa de privacidade."

---

26 FURTADO, Tiago Neves. Registro das operações de tratamento de dados pessoais - *data mapping - data discovery*: porque é importante e como executá-lo. in: VAINZOF, Rony; OPICE BLUM, Renato; FABRETTI, Henrique. Data Protection Officer: Teoria e Prática de Acordo com a LGPD e o GDPR. 1. ed. São Paulo: Revista dos Tribunais, 2020.

V.2. PROTEGER

No âmbito da segurança da informação, considero a identificação como um das obrigações que a organização deve garantir quanto às credenciais de acesso aos sistemas de informação e qualquer outro acesso aos repositórios onde estão armazenados os dados pessoais, sendo gerenciadas as credenciais emitidas, atualizadas e as revogadas, tudo de acordo com as normas de segurança estabelecidas na empresa.

Para um CONTROLE DE ACESSO aos sistemas ser bem estruturado, a organização deve:

a. Identificar todas as contas ativas e os serviços, privilégios, aplicações e demais características;

b. Validar a necessidade de manter os mesmos privilégios e acessos;

c. Validar roteiro de aprovação dos acessos autorizados e negados;

d. Remover contas inativas;

e. Submeter todas as contas e as políticas de senhas;

f. Processo definido de exclusão das contas;

g. Notificar aos responsáveis sobre qualquer mudança da conta.

É necessário também o CONTROLE DE ACESSO FÍSICO aos ambientes da organização que devem possuir:

a. Controle de acesso baseado no mínimo com crachá de identificação para os colaboradores e aos terceiros;

b. Manter registros de acessos aos ambientes de maior risco à segurança da informação, tanto de entrada como de saída;

c. Criar barreiras de acesso, como, por exemplo, portas, câmeras de vídeo...;

d. Lista de colaboradores autorizados aos ambientes restritos;

e. Monitoramento – todos os acessos aos dados pessoais devem ser registrados, tantos os autorizados como os não autorizados, que devem ser verificados e avaliados constantemente.

f. Transmissão de dados – verificar constantemente se os meios de compartilhamento dos dados são revisados regularmente, por exemplo; aquele *e-mail* que é enviado com dados pessoais continua sendo do destino correto?

g. Guarda dos dados – as mídias onde os dados são armazenados possuem local apropriado, acondicionado e controle de acesso. Lembre-se de identificar as mídias com informações sobre os tipos de dados, data de gravação e responsável e meios de validação quanto à reutilização da mídia.

h. Eliminação e destruição – previsto no art. 18 no inciso IV[27], tem o direito à eliminação dos seus dados pessoais, salvo quando o dado está sendo tratado em algumas das hipóteses previstas no art. 16[28]. Para esse processo é importante verificar alguns pontos:

- As impressões que constam dados pessoais estão sendo descartas adequadamente?
- Foi indicado o uso de triturador?
- As mídias danificadas estão sendo destruídas?

Continuando com as medidas técnicas e administrativas, cabe à organização a responsabilidade de proteger a integridade da REDE DE COMPUTADORES, onde devem ser aplicadas técnicas de gestão de riscos para preservar os dados pessoais íntegros, confiáveis e disponíveis. Uma boa prática é a segmentação da rede de computadores, que oferece barreiras de acesso aos dados de qualquer ponto da rede, criando zonas de segurança utilizando equipamentos (roteadores, *gateways*...) e na parte de *software* os *firewalls* como barreiras tecnológicas[29].

---

27 LGPD - IV - anonimização, bloqueio ou eliminação de dados desnecessários, excessivos ou tratados em desconformidade com o disposto nesta Lei;

28 Art. 16. Os dados pessoais serão eliminados após o término de seu tratamento, no âmbito e nos limites técnicos das atividades, autorizada a conservação para as seguintes finalidades:

I - cumprimento de obrigação legal ou regulatória pelo controlador;

II - estudo por órgão de pesquisa, garantida, sempre que possível, a anonimização dos dados pessoais;

III - transferência a terceiro, desde que respeitados os requisitos de tratamento de dados dispostos nesta Lei; ou

IV - uso exclusivo do controlador, vedado seu acesso por terceiro, e desde que anonimizados os dados.

29 Estas barreiras serão mais bem aplicadas com assessoria especializada em serviços de TI.

Dentro dessas ações de proteção, é de extrema importância que a empresa estabeleça um PLANO DE AÇÃO em segurança da informação, bem como definir os processos e procedimentos para garantir que todos os integrantes da sua rede de tecnologias estejam cientes das regras. Por isso uma ampla divulgação, capacitação e materiais de conscientização são de extrema relevância para garantir a correta implementação das regras de segurança da informação e que os colaboradores que acessam tenham a compreensão de seus papéis e responsabilidades, independentemente do nível hierárquico em que se encontram.

Além do ambiente de rede e controles de acesso, o armazenamento dos dados também possui um papel relevante quanto à proteção dos dados, que podem estar disponíveis em computadores servidores local ou na nuvem, e por ações tão conhecidas são replicados na forma de *BACKUP* (cópia de segurança), que tem como objetivo restaurar os dados em caso de perda dos dados, exclusão acidental, falha de equipamentos ou ataques cibernéticos.

Diante da necessidade de tamanha garantia, existem algumas formas de se realizarem estas cópias de segurança que são:

» *BACKUP FULL/*COMPLETO – Cópia de todas as informações armazenadas em um servidor. Sua principal vantagem está na reprodução fiel de tudo que está armazenado, mas sua desvantagem é a demora de tempo necessário para recuperar os dados e também o espaço necessário para a replicação. Considera-se realizar esse tipo de *backup* com prazo mais longo entre as cópias.

» *BACKUP* INCREMENTAL – Executa cópia apenas dos novos dados inseridos ou que sofreram alteração desde o último *backup* incremental. Consome menos tempo de execução e espaço para armazenamento. Devido a essas características, recomenda-se executar seguidamente, diminuindo a quantidade de perda de dados em caso de algum incidente.

» *BACKUP* DIFERENCIAL – Esse modelo é semelhante ao *backup* incremental, porém serão salvos os dados incluídos ou alterados em relação ao último *backup* completo.

O tamanho da organização e sua maturidade quanto à segurança da informação irão exigir mais medidas de segurança além das descritas nessa breve lista de controles. Para as empresas que necessitam de mais medidas técnicas, a ISO 27001 pode ajudar nesse processo, que é padrão internacional para um SGSI – Sistema de Gerenciamento de Segurança da Informação; fornece um ponto de partida para alcançar os requisitos técnicos e operacionais necessários que irão reduzir o risco de uma violação aos dados pessoais.

V.3. RESPONDER

3.1) Solicitação dos titulares

Todo titular dos dados pessoais tem o direito de obter informações do controlador referente aos seus dados pessoais como está previsto na LGPD:

Art. 18. O titular dos dados pessoais tem direito a obter do controlador, em relação aos dados do titular por ele tratados, a qualquer momento e mediante requisição:

I - confirmação da existência de tratamento;

II - acesso aos dados;

III - correção de dados incompletos, inexatos ou desatualizados;

IV - anonimização, bloqueio ou eliminação de dados desnecessários, excessivos ou tratados em desconformidade com o disposto nesta Lei;

V - portabilidade dos dados a outro fornecedor de serviço ou produto, mediante requisição expressa, de acordo com a regulamentação da autoridade nacional, observados os segredos comercial e industrial;

VI - eliminação dos dados pessoais tratados com o consentimento do titular, exceto nas hipóteses previstas no art. 16 desta Lei;

VII - informação das entidades públicas e privadas com as quais o controlador realizou uso compartilhado de dados;

VIII - informação sobre a possibilidade de não fornecer consentimento e sobre as consequências da negativa;

IX - revogação do consentimento, nos termos do § 5º do art. 8º desta Lei.

Diante dessa legislação que trata dos direitos dos titulares, o ICO[30] propõe uma lista de verificação relativa às solicitações dos titulares:

» Identificar uma solicitação do titular e entender quando o direito de acesso aplica-se;

» Temos uma política sobre como registrar as solicitações;

» Saber quando pode recusar uma solicitação e estar ciente das informações que precisam fornecer ao titular;

» Possuir processos em vigor para garantir que a resposta não tenha atrasos indevidos e esteja dentro de prazo razoável;

» Oferecer resposta com o uso de linguagem clara e simples quando for divulgar informações para uma criança.

É importante que a empresa controladora use um canal especializado ou canal preexistente (desde que preparado para tanto) para recebimento das solicitações dos direitos dos titulares, que deverá ser amplamente divulgado aos titulares de dados. Importante lembrar que os colaboradores do controlador também devem ter acesso a esse canal.

Lembrar que a primeira ação do controlador é verificar a identidade do titular dos dados para evitar revelar dados pessoais sobre outros titulares. Se houver dúvidas quanto à identidade do solicitante, informe que serão realizadas novas checagens; no entanto, é importante que você solicite apenas as informações necessárias para confirmar sua identidade. Não solicite mais informações do que o necessário; o segredo aqui é a proporcionalidade. Dependendo do volume de requisições, é recomendável que se usem ferramentas de tecnologia para gerenciar as requisições que

---

30 ICO. Information Commissioner's Office. Disponível em: <https://ico.org.uk/for-organisations/guide-to-data-protection/guide-to-the-general-data-protection-regulation-gdpr/individual-rights/right-of-access/>. Acesso em: 13.08.2020.

foram abertas, observando tempo de resposta e tipo de direito que foi requisitado, sendo tais dados, inclusive.

É válido lembrar que essas solicitações podem, ainda, ser feitas dentro de um contexto de relação de consumo, trazendo uma possível inversão do ônus da prova ao controlador, que deverá provar o que foi solicitado, quando e como foi respondido. Essas evidências podem, ainda, ser requeridas, posteriormente, em ações judiciais, procedimentos perante entidades de defesa dos consumidores, investigações pelo Ministério Público ou fiscalizações pela Autoridade Nacional de Proteção de Dados.

A ICO relaciona em seu sítio eletrônico uma lista das informações[31] que devem ser fornecidas aos titulares. Segue abaixo:

» O nome e os detalhes de contato de sua organização;

» O nome e detalhes de contato do seu representante;

» Os detalhes de contato do seu oficial de proteção de dados;

» As finalidades do processamento;

» A base legal para o processamento;

» Os interesses legítimos para o processamento;

» As categorias de dados pessoais obtidos;

» Os destinatários ou categorias de destinatários dos dados pessoais;

» Os detalhes das transferências dos dados pessoais para quaisquer países terceiros ou organizações internacionais;

» Os períodos de retenção dos dados pessoais;

» Os direitos disponíveis para os indivíduos em relação ao processamento;

» O direito de retirar o consentimento;

» O direito de apresentar uma reclamação a uma autoridade de supervisão;

» A fonte dos dados pessoais;

» Os detalhes sobre se os indivíduos estão sob uma obrigação

---

31 ICO. Information Commissioner's Office. Disponível em: <https://ico.org.uk/for-organisations/guide-to-data-protection/guide-to-the-general-data-protection-regulation-gdpr/individual-rights/right-of-access/>. Acesso em: 14.08.2020.

SEGURANÇA DA INFORMAÇÃO

legal ou contratual de fornecer os dados pessoais;

» Os detalhes da existência de tomada de decisão automatizada, incluindo perfis;

Caso a organização processe uma quantidade relativamente grande sobre um titular, a mesma poderá solicitar a ela que especifique as informações ou atividades de processamento às quais a solicitação está relacionada antes de responder à solicitação. Mas o escopo não pode ser restringido; em contrapartida, podem ser solicitados mais detalhes referentes ao pedido para melhor localização dos dados solicitados. Caso o solicitante não envie as informações adicionais ou não responda seu pedido, o atendimento ao pedido deve ter continuidade, oferecendo informações razoáveis.

Em alguns casos pode haver solicitação de dados dos titulares a pedido de terceiros, geralmente por intermédio de um advogado. Cabe à organização comprovar a veracidade do documento que comprove juridicamente os poderes cedidos ao procurador; e, caso não comprove, é uma boa prática informar o titular referente ao pedido realizado.

É muito importante que a organização sempre esteja atenta aos seguintes pontos referentes a um pedido do titular: sua identidade, clareza no resultado e responder em tempo razoável. Todos os pedidos podem ser recebidos através de um *e-mail* específico da empresa, um formulário no sítio eletrônico, sempre divulgando todos os canais disponíveis, evitando que um pedido do titular seja encaminhado por um canal de comunicação com menor acompanhamento, como, por exemplo, um *e-mail* de um colaborador.

3.2) Registro de incidentes e violação dos dados pessoais

A Norma Complementar nº 05/IN01/DSIC/GSIPR[32] define Incidente de Segurança como qualquer evento adverso, confirmado ou sob suspeita, relacionado à segurança dos sistemas de computação ou das redes de computadores. Exemplificando, uma tentativa de tirar um *site* sobrecarregando com uma avalanche de dados e requisição ao provedor, técnica conhecida com DDOS[33].

---

32 DSIC. Departamento de Segurança da Informação e Comunicações. Disponível em: <http://dsic.planalto.gov.br/legislacao/nc_05_etir.pdf>. Acesso em: 14.08.2020.

33 CERT.Centro de Estudos para Resposta e Tratamento de Incidentes em Computadores.

É importante entender que um incidente necessariamente é uma violação aos dados pessoais. De acordo com o conceito acima, pode haver ataques às estruturas tecnológicas, mas que não necessariamente tenham alcance aos dados pessoais armazenados. Mas sempre que houver um incidente que envolva acesso aos dados pessoais, este deve ser obrigatoriamente notificado.

Uma violação de dados pessoais é uma violação de segurança que leva à destruição, perda, alteração, divulgação não autorizada ou acesso a dados pessoais, acidental ou ilegal. Sempre que houver uma violação aos dados pessoais, a organização deve avaliar o quanto representa esse risco para os titulares e identificar qual a gravidade dessa ocorrência. Por isso, na identificação de uma violação de dados pessoais, a empresa deve estar atenta às seguintes diretrizes:

> Saber como identificar um incidente com violação dos dados pessoais;

> Entender que um incidente não resulta numa violação de dados pessoais;

> Possuir um Plano de Respostas aos Incidentes e que todos os colaboradores tenham ciência e capacidade de uso;

> Possuir uma equipe de profissionais aptos a tratar a ocorrência;

> Todos os colaboradores terem entendimento do fluxo e como escalar um incidente.

A) Como identificar um incidente?

Além das ferramentas de tecnologia que fornecem esse tipo de serviço, existem outras formas de ser notificado por incidente, por exemplo, por um titular (cliente), um fornecedor ou colaborador. Geralmente esses canais humanos tendem a ser bastante eficientes. Ou até mesmo numa simples pergunta ao suporte, pode-se concluir a existência de um incidente.

Disponível em: <https://www.cert.br/docs/whitepapers/ddos/#1>. Acesso em: 14.08.2020.

B) Entender o incidente

Compreender a origem, a extensão que afeta os titulares e o dano causado é primordial para aplicar as medidas de correção. Se a avaliação não for corretamente embasada tecnicamente, corre-se o risco de as medidas de correção acarretarem em um dano maior ainda. Para uma boa avaliação, é importante estar atento aos seguintes pontos:

a. O incidente ocasionou vazamento de dados?

b. Qual a quantidade de dados vazados?

c. Qual a quantidade de titulares afetados?

d. Existe a possibilidade de identificar os titulares?

e. Qual a gravidade das consequências aos titulares?

f. Possui dados de crianças/adolescentes nesse vazamento?

g. Possui dados financeiros?

Esses são alguns indicadores de avaliação que podem fornecer subsídios para quais medidas técnicas e administrativas devem ser aplicadas.

C) Equipe qualificada

A organização precisa manter uma equipe multidisciplinar formulada, porque haverá necessidade de envolvimento das equipes de tecnologia, jurídica e de comunicação, prontamente estabelecidas que farão a aplicação das medidas necessárias.

D) Conscientização

Se não houver uma disseminação das políticas de segurança, um incidente pode ocasionar danos elevados na organização. Quanto mais informações os colaboradores tiverem acesso sobre segurança da informação, menores serão os impactos de dano no caso de vazamento dos dados.

3.3. Relatório Avaliação de Impacto de Proteção de Dados – DPIA ou RIPD

Com base na Comissão Europeia[34], o Relatório de Impacto deve ser elaborado sempre que o tratamento dos dados pessoais resultar em um elevado risco para os direitos e a liberdade das pessoas e faz-se necessário à sua execução nos três casos seguintes:

» Uma avaliação sistemática e completa dos aspectos pessoais, incluindo a definição de perfis;
» O tratamento de dados sensíveis em grande escala;
» O controle sistemático de zonas públicas em grande escala.

No entanto, a LGPD descreve em seus artigos 5º e 38º:

> Art. 5º, XVII - relatório de impacto à proteção de dados pessoais: documentação do controlador que contém a descrição dos processos de tratamento de dados pessoais que podem gerar riscos às liberdades civis e aos direitos fundamentais, bem como medidas, salvaguardas e mecanismos de mitigação de risco;
> Art. 38. A autoridade nacional poderá determinar ao controlador que elabore relatório de impacto à proteção de dados pessoais, inclusive de dados sensíveis, referente a suas operações de tratamento de dados, nos termos de regulamento, observados os segredos comercial e industrial.

Com base nas premissas e legislações aqui descritas, apresentamos um modelo como referência e orientação que irá auxiliar a organização a desenvolver seu relatório de impacto de proteção de dados, lembrando que toda avaliação deve ser realizada antes da coleta dos dados pessoais.

---

34 COMISSÃO EUROPEIA. Disponível em: <https://ec.europa.eu/info/law/law-topic/data-protection/reform/rules-business-and-organisations/obligations/when-data-protection-impact-assessment-dpia-required_en>. Acesso em: 17.08.2020.

Iniciamos pelo fluxo desenhado que irá conduzir em cada passo:

1. Descrição do tratamento previsto;
2. Descrição das características do processamento;
3. Avaliação da necessidade e proporcionalidade;
4. Avaliação de riscos para os direitos e a liberdade;
5. Medidas previstas de resposta aos riscos;
6. Controle e verificação;

Fonte: elaborado pelo autor.

A) Descrição do tratamento previsto

Detalhe amplamente as atividades de processamento envolvidas e qual a pretensão que o projeto tende a alcançar. Realize uma avaliação sistemática sobre a finalidade, o contexto e a natureza dos dados pessoais; se necessário, vincule sua descrição com outros documentos que referenciam a descrição do tratamento que pode ser este de apenas um processamento ou um conjunto de processamento do mesmo dado pessoal com a mesma finalidade e base legal.

B) Descrição das características do processamento

Verifique os seguintes pontos:

a. Como será realizada a coleta, uso, a guarda e a exclusão dos dados?
b. Qual é a fonte dos dados?
c. Serão compartilhados os dados pessoais?
d. Haverá dados sensíveis que serão coletados?
e. Haverá dados de crianças e adolescentes?
f. Qual o volume de dados que será tratado?

g. Qual nível de impacto aos titulares em caso de vazamento?

C) Avaliação da necessidade e proporcionalidade

Medidas que contribuem para a proporcionalidade e a necessidade do tratamento considerando:

» Finalidade determinada, explícita e legítima;
» Base legal para o tratamento;
» Dados adequados, pertinentes e limitados ao que é necessário;
» Guarda por tempo limitado;
» Medidas para garantia na qualidade dos dados;
» Identificar possíveis alternativas de coleta dos dados;
» Garantia da minimização dos dados.

D) Avaliação de risco para os direitos e a liberdade

» Perda do controle aos dados físicos.
» Perda ou dano aos dados coletados e/ou armazenados;
» Avaliação de impacto financeiro ou qualquer desvantagem econômica para o titular;
» Perda da confidencialidade integridade e disponibilidade;
» Roubo de identidade ou fraude.

E) Medidas previstas de respostas aos riscos

Aplicação de medidas técnicas e administrativas aos eventos relacionados no item D.

F) Controle e verificação

» Manter equipe atualizada e treinada para garantir que os riscos sejam antecipados e gerenciados;

SEGURANÇA DA INFORMAÇÃO

» O uso contínuo da anonimização ou pseudonimização de dados;
» Constante atualização do Plano de Segurança da Informação para evitar riscos;
» Realizar atualizações contínuas nas Políticas de Privacidade;
» Avaliar se o equilíbrio entre o interesse do controlador e os direitos dos titulares não se sobrepõem.

Esse modelo tem o objetivo de oferecer uma referência para o desenvolvimento do relatório de avaliação de impacto de proteção de dados. Sugere-se que haja apreciação da documentação produzida tanto pelo antigo WP29 (agora EDPB[35] – European Data Protection Board), quanto da ICO[36] e CNIL[37] (autoridades de proteção de dados do Reino Unido e França, respectivamente) sobre DPIAs.

VI. DPO – ENCARREGADO DE PROTEÇÃO DE DADOS

No primeiro capítulo falamos apenas de dois agentes, os Controladores e os Operadores, pois entendemos que, após descrevermos todas as medidas técnicas e administrativas apresentadas, farão mais sentido para entender todas as funções e obrigações do Encarregado de Proteção de Dados que poderá ser pessoa física ou jurídica, levando-se em conta a alteração promovida na LGPD pela Medida Provisória 869, que excluiu a necessidade de ser pessoa física.

Vamos verificar o que traz a LGPD sobre esse profissional:

> Art. 5 °, VIII - encarregado: pessoa indicada pelo controlador e operador para atuar como canal de comunicação entre o controlador, os

---

35 EDPB. European Data Protection Board. Disponível em: <https://edpb.europa. eu/>. Acesso em: 25.08.2020.

36 ICO (autoridade de proteção de dados do Reino Unido). Disponível em: <www.ico. org.uk>. Acesso em: 25.08.2020.

37 CNIL (autoridade de proteção de dados da França). Disponível em: <www.cnil.fr>. Acesso em: 25.08.2020.

titulares dos dados e a Autoridade Nacional de Proteção de Dados (ANPD);

Art. 41. O controlador deverá indicar encarregado pelo tratamento de dados pessoais.

§ 1º A identidade e as informações de contato do encarregado deverão ser divulgadas publicamente, de forma clara e objetiva, preferencialmente no sítio eletrônico do controlador.

§ 2º As atividades do encarregado consistem em:

I - aceitar reclamações e comunicações dos titulares, prestar esclarecimentos e adotar providências;

II - receber comunicações da autoridade nacional e adotar providências;

III - orientar os funcionários e os contratados da entidade a respeito das práticas a serem tomadas em relação à proteção de dados pessoais; e

IV - executar as demais atribuições determinadas pelo controlador ou estabelecidas em normas complementares.

§ 3º A autoridade nacional poderá estabelecer normas complementares sobre a definição e as atribuições do encarregado, inclusive hipóteses de dispensa da necessidade de sua indicação, conforme a natureza e o porte da entidade ou o volume de operações de tratamento de dados.

Os artigos são muitos claros sobre as funções do encarregado. Mas se nota que esse profissional deverá ser especialista com conhecimentos do regramento jurídico, técnicas de gestão de processo, bem como de tecnologia com o objetivo de garantir que as regras e as boas práticas estejam em *compliance*, além da função de intermediar os interesses do controlador, com os titulares e operadores, além de ser o ponto de contato com a ANPD.

Agora que já relatamos algumas medidas técnicas e administrativas, a importância do Encarregado em estar ciente de todos os processos e conhecimento de todas as medidas é de extrema importância

VII. CONCLUSÃO

A implantação das medidas técnicas e administrativas fará sentido principalmente pelo porte da organização e com o volume de dados pessoais que são processados. Para algumas organizações, as autoridades fiscalizadoras serão mais exigentes com base nessas duas informações. Por esse perfil, as empresas terão impactos em sua adequação ao regramento da LGPD. As técnicas, conceitos e métodos apresentados nesta publicação podem ser aplicadas e personalizadas por sua equipe técnica interna ou terceirizada, independentemente do perfil da empresa.

Considera-se relevante o registro dos tratamentos dos dados como sendo a principal ferramenta para a criação dos programas de proteção de dados e o que irá nortear as escolhas e definição das medidas de proteção mais adequadas e seguras. Sugere-se que as empresas, após os devidos registros dos tratamentos e medidas técnicas administrativas devidamente regularizadas, estejam disponíveis de forma organizada no intuito de atender a ANPD (Autoridade Nacional de Proteção de Dados) quando solicitada.

Concluindo este capítulo, ressalta-se mais uma vez que essas atividades, os registros, a construção de políticas, a implantação de medidas entre outros, serão bem-sucedidos sempre que a equipe responsável pela proteção de dados tenha o perfil multidisciplinar, pois não se trata de um assunto exclusivo de alguma área específica da organização.

VIII. REFERÊNCIAS

ABNT. ISO/IEC 27000: *Norma internacional de segurança da informação é revisada.* Disponível em: <http://www.abnt.org.br/noticias/5777-iso-iec-27000-norma-internacional-de-seguranca-da-informacao-e-revisada>. Acesso em: 25.08.2020.

BRASIL. *Lei 13.709 de 14 de agosto 2018.* Lei Geral de Proteção de Dados. Disponível em: <http://www.planalto.gov.br/ccivil_03/_ato2015-2018/2018/lei/L13709.htm>. Acesso em: 25.08.2020

_____. *Lei 12.965 de 23 de abril de 2014. Marco Civil da Internet.* Disponível em: <http://www.planalto.gov.br/ccivil_03/_ato2011-2014/2014/lei/l12965.htm>. Acesso em: 25.08.2020.

CERT.BR. *Centro de Estudos, Resposta e Tratamento de Incidentes de Segurança no Brasil.* Disponível em: <www.cert.br>. Acesso em: 25.08.2020.

CNIL. *Commission Nationale de l'Informatique et dês Libertés.* Disponível em: <https://www.cnil.fr/en/home>. Acesso em: 25.08.2020

COMISSÃO EUROPEIA. Disponível em: <https://ec.europa.eu/info/law/law-topic/data-protection/reform/rules-business-and-organisations/obligations/when-data-protection-impact-assessment-dpia-required_en>. Acesso em: 17.08.2020.

DSIC. *Departamento de Segurança da Informação e Comunicações.* Disponível em: <http://dsic.planalto.gov.br/legislacao/nc_05_etir.pdf>. Acesso em: 14.08.2020.

E-COMMERCE. *In* DICIO, Significados. Disponível em: <https://www.significados.com.br/e-commerce/>. Acesso em: 25.08.2020.

EDPB. *European Data Protection Board.* Disponível em: <https://edpb.europa.eu/>. Acesso em: 25.08.2020.

ERP. *In* DICIO, Wikipedia. Disponível em: <https://pt.wikipedia.org/wiki/Sistema_integrado_de_gestão_empresarial>. Acesso em: 25.08.2020.

FURTADO, Tiago Neves. Registro das operações de tratamento de dados pessoais - data mapping - data discovery: porque é importante e como executá-lo. In: VAINZOF, Rony; OPICE BLUM, Renato; FABRETTI, Henrique. *Data Protection Officer:* Teoria e Prática de Acordo com a LGPD e o GDPR. São Paulo: Revista dos Tribunais, 2020.

GDPR. *General Data Protection Regulation.* Disponível em: <https://gdpr-info.eu/>. Acesso em 25.08.2020

ICO. *Information Commissioner's Office.* Disponível em: <https://ico.org.uk/>. Acesso em 25.08.2020.

LOG. In DICIO, *Wikipedia.* Disponível em: <https://pt.wikipedia.org/wiki/Log_de_dados>. Acesso em: 25.08.2020.

OPT-IN. *In* DICIO, *Wikipedia.* Disponível em: <https://pt.wikipedia.org/wiki/Opt-in> Acesso em: 25.08.2020.

PEZOTTI, Renato. *Com 3,9 bilhões de usuários no mundo, o que acontece na web em um minuto?* UOL. Disponível em: <https://economia.uol.com.br/noticias/redacao/ 2019/04/01/ com-39-bilhoes-de-usuarios-no-mundo-o-que-acontece-na-web-em-um-minuto.htm>. Acesso em: 25.08.2020.

ENGENHARIA SOCIAL E MITIGAÇÃO DO RISCO

Dionice de Almeida

I. INTRODUÇÃO

Percebe-se um aumento de invasões cibernéticas no Brasil desde que o tema LGPD surgiu para os empresários a partir de agosto de 2018, chegando moderadamente em algumas atividades, principalmente nas empresas de tecnologia. Com novos desafios aos empresários do mundo todo, a modernidade na gestão de pessoas e uma camada da população trabalhando em *home office*, faz parte da rotina nas empresas transformar. Porém, ainda se encontram empresas sem muitos controles internos de segurança, ou seja, algumas com pouco, ou quase nenhum, planejamento.

O crescimento do uso da tecnologia traz inúmeros benefícios, mas também desafios, pois a cada inovação surgem novas adaptações e comportamentos precisam ser desenvolvidos. Eis que as empresas começam a perceber a importância de entenderem mais sobre quais são os seus riscos, percebendo a importância da adequação à LGPD e de proteger-se de ataques cibernéticos, evitando vazamento de dados.

A mitigação do risco cibernético e o conhecimento sobre os ataques realizados através dos métodos de engenharia social são essenciais à sobrevivência de qualquer negócio. Por esse motivo, os métodos tão utilizados por cibercriminosos serão abordados no presente texto: quais são eles, como eles são utilizados para motivar pessoas, levando-as as mais diversas vulnerabilidades, possibilitando um *cyber attack*, e compreenderemos também algumas soluções que permitem a mitigação desses riscos e protegermos nossas empresas de possíveis prejuízos ligados a eles.

Apresentar-se-ão alguns conceitos para que se entenda o risco cibernético e quais são os agentes chamados de cibercriminosos e qual a motivação desses vilões para cometer crimes. Investigaremos quais são as iscas utilizadas para invadirem os sistemas das empresas ou de que forma conseguem ludibriar os seus colaboradores para conseguirem determinados dados, sejam eles pessoais sejam de clientes, tendo um fator comum entre eles que são os possíveis danos irreparáveis à saúde financeira de uma organização.

Será abordado também de que forma o empreendedor poderá encarar com mais tranquilidade questões de cibersegurança e maneiras existentes de mitigação do risco, através de algumas ações simples e com pouco investimento, que rapidamente podem estancar o problema e reduzir possíveis prejuízos financeiros ao negócio.

Primeiramente, convido você a expandir seu conhecimento sobre o tema proposto e seus conceitos, iniciando sobre o que são Riscos Cibernéticos em sua definição:

> Risco cibernético refere-se aos potenciais resultados negativos associados aos ataques cibernéticos. Os ataques cibernéticos podem ser definidos como tentativas de comprometer a confidencialidade, integridade e disponibilidade de dados ou sistemas tecnológicos[1].

A definição citada acima trata-se do chamado tripé de segurança da informação, que justamente menciona a importância desses três contextos relacionados aos dados armazenados nas empresas a partir das informações, do conhecimento e da sabedoria adquiridos no negócio, aliados a essas informações armazenadas na mente dos colaboradores em uma organização que está um grande risco. De que forma podemos controlar as atitudes das pessoas que trabalham conosco para que não ocorra vazamento de informações e qual é o principal ativo da empresa? O cuidado com elas é um bom motivo para que se tenham determinados controles, conscientização e padrões de segurança implementados nas organizações e na prática, além de uma cultura no mesmo sentido expandida para todos os colaboradores.

---

1 Definição adotada pela IOSCO - International Organization Of Securities Commissions. Disponível em: <https://bit.ly/2R3qthp>. Acesso em: 22.08.2020.

ENGENHARIA SOCIAL E MITIGAÇÃO DO RISCO

Quais são as formas de informações que se pode encontrar em uma empresa? Paremos para avaliar sobre isso. Vamos refletir sobre elas para entendermos quais são nossas vulnerabilidades:

a. Informações em forma impressa;
b. Escritas em papel;
c. *E-mail*;
d. Redes sociais;
e. Verbais;
f. Armazenamentos em nuvem ou servidor;
g. Vídeos ou fotos, dentre outras.

Observa-se que é possível ter informações espalhadas de diversas formas, sendo principalmente aquelas a que os colaboradores têm acesso e podem compartilhar nas redes sociais. Percebe-se que existem muitas situações em que perdemos o controle quando refletimos sobre a possibilidade de disseminação de alguma informação através de alguns canais como *Instagram*, *Facebook* ou até mesmo o *WhatsApp* em uma simples conversa entre um colaborador e outro da empresa. O risco de vazamento de dados é muito grande e o valor da informação é o que determina como os riscos serão tratados na empresa, por isso a importância de uma avaliação bem minuciosa de como tudo isso acontece no dia a dia de cada negócio.

Entendendo sobre a LGPD, compreende-se a importância de manter os dados dos clientes em segurança, além de promover a conscientização sobre sua relevância a toda a equipe, independentemente de cargo e função.

Além dos dados pessoais dos clientes, também é necessário refletir sobre as estratégias do negócio, sendo que as informações são parte integrante das estratégias de gestão, bem como os produtos que a empresa pretende lançar, ou a forma como ela planeja prestar determinados serviços.

Todas as informações relevantes para o negócio devem ser tratadas com o mesmo cuidado e segurança, evitando que parem em mãos erradas ou na concorrência, protegendo dados cruciais ao seu negócio. Portanto, o cuidado quanto ao sigilo e confidencialidade das informações deve ser de responsabilidade e conhecimento de todo o seu time.

Na ISO 27000[2], podemos compreender sobre o valor da informação, o qual poderá variar de acordo com as partes envolvidas. Apesar de ser um ativo intangível, ela é reconhecida como um gerador de valor para uma empresa e, sabendo dessa importância, é necessário trazermos medidas de conscientização para nossos colaboradores. Entendendo a importância da informação, passa-se a conhecer quem é o grande vilão e responsável pela maioria dos casos de ataques cibernéticos, qual a sua motivação e de que forma ele age para conseguir seu ativo mais precioso, violando os dados das empresas. O risco cibernético possui duas origens descritas a seguir:

» **Origem Externa:** são os ataques motivados por *cracker*, vazamento de dados, engenharia social, onde os ataques são motivados.

» **Origem Interna:** realizada por terceiros, meios de pagamento, infraestrutura de TI, negociação eletrônica.[3]

Neste livro trataremos da origem externa, a qual afeta em torno de 93% dos ataques cibernéticos nas empresas brasileiras através de algum tipo de engenharia social pelo *cracker*. Para entender sobre esse especialista em roubar dados e invadir sistemas, vamos conhecê-lo. Você saberia a diferença entre o *hacker* e o *cracker*?

» *Cracker*: é o indivíduo criminoso especialista em quebrar a segurança digital sempre com o objetivo de levar alguma vantagem ilícita, seja para vender as informações para a concorrência, seja para cometer crime de extorsão pedindo resgate em troca dos dados roubados, ou para vender os dados na *dark web*[4]. São pessoas

---

2 A ISO/IEC 27001 é um padrão para sistema de gestão da segurança da informação abordado no artigo anterior.

3 LINO, Thiago. *Curso Técnico Riscos e Seguros Cibernéticos*. Escola Nacional de Seguros. São Paulo, 2019.

4 *Dark Web: O Que É? Como Se Proteger?* Disponível em: <https://www.serasa.com. br/ensina/seu-cpf-protegido/dark-web-serasa-antifraude/?gclid=Cj0KCQjw9b_4BR-CMARIsADMUIyoIDsgu5gST5pEtnRzBV7XNgXtkIiLmOFlV8kVBsZ6uPqFzEA0Ra4ca-AmybEALw_wcB >. Acesso em: 24.08.2020.

sem escrúpulos, verdadeiras *nerds* do crime, não possuem ética, tampouco caráter.

» **Hacker:** é o indivíduo ético, profissional que trabalha em segurança digital, correto, que atua para encontrar as brechas dos sistemas justamente para proteger as empresas dos *crackers* e encontrar as vulnerabilidades para correção das mesmas.

Os *hackers* são pessoas do bem e com frequência escutamos alguma reportagem falando deles de maneira errônea, já que são profissionais que ajudam as empresas a melhorarem sua proteção digital e não o contrário. Portanto, não se deve confundir ao mencionar violação criminosa e denominar o *cracker* na persona do *hacker*, principalmente agora que sabemos que o criminoso é o *CRACKER*. Importante saber que nem sempre age sozinho; muitas vezes possui quadrilhas organizadas.

O *cracker* mais famoso do mundo é um americano chamado Kevin Mitnick[5], que começou sua fase no cibercrime burlando os cartões de ônibus nos EUA e se aproveitando dessa façanha para não pagar passagens. Depois ele investiu em burlar cartões telefônicos até que evoluiu para o mundo dos computadores e passou a invadir grandes empresas, incluindo algumas do governo americano.

Através de suas façanhas nesse mundo obscuro, ele trouxe fama à engenharia social[6] e suas técnicas de manipulação pessoal, que a partir de 1990 vêm à tona para o meio da tecnologia. Em 1995, Kevin foi preso e, após alguns anos na cadeia, ele resolve sair do crime tornando-se um "cara do bem". Ele abriu uma empresa que passa a proteger as informações, tornando-se um *hacker* bem conhecido e até realizando palestras no mundo todo sobre as formas de trapacear com a engenharia social e sistemas de proteção.

---

5 FONSECA, William. *Quem é Kevin Mitnick?* In TECMUNDO. Disponível em: <https://www.tecmundo.com.br/historia/1842-quem-e-kevin-mitnick-.htm#:~:text=Considerado%20pelos%20EUA%20como%20o,para%20continuar%20com%20seus%20crimes>. Acesso em: 22.08.2020.

6 ALVES, Cássio Bastos. *Segurança da informação vs. Engenharia Social - Como se proteger para não ser mais uma vítima.* Brasil Escola, 2010. Disponível em: <https://monografias.brasilescola.uol.com.br/computacao/seguranca-informacao-vs-engenharia--social-como-se-proteger.htm>. Acesso em: 22.08.2020.

Ele esteve no Brasil no ano de 2006 palestrando sobre o tema, ocupando o cargo de CEO da empresa Mitnick Security Consulting. Sua empresa faz parte do Fortune 500[7]. Utilizando suas habilidades relacionadas à engenharia social, ele é um empresário e palestrante de prestígio, além de autor de um *best seller* sobre o tema, com diversos livros já publicados.

Outro termo importante e fundamental que o empresário conheça, o qual provavelmente você já ouviu em algum filme ou série de ação envolvendo um ciberataque, é *Zero Day*. É uma expressão que trata de vulnerabilidades graves em *softwares* e sistemas operacionais. O exato momento em que se percebe a invasão de um sistema dentro de uma empresa denomina-se DIA ZERO ou ZERO DAY.

O dia zero pode ser descoberto por qualquer pessoa, mas geralmente é um dos papéis de atuação dos *hackers* que atuam justamente nas vulnerabilidades dos sistemas, se deparam com a invasão e, consequentemente, com o *Zero Day*.

Muitas das vulnerabilidades abrem brechas de segurança graves; porém, ainda inexploradas, e geralmente são descobertas enquanto *hackers* estão trabalhando para melhorar a segurança do sistema. Imagine que a tal brecha está até então desconhecida. Mesmo que o sistema esteja sendo atacado, teoricamente só quem sabe é o *cracker*.

No ZERO DAY, a empresa é atacada por *malwares* direcionados e justamente nesse momento o *cracker* atuará veementemente para explorar suas vítimas. Os *crackers* usam os boletins de segurança para chegar às novas vulnerabilidades, pois servem de alerta sobre onde elas estão localizadas e talvez possam interessar aos criminosos digitais.

II. OS MÉTODOS DE ENGENHARIA SOCIAL UTILIZADOS PELOS *CRACKERS*

Agora que entendemos os principais conceitos ligados aos riscos cibernéticos, vamos conhecer os métodos mais utilizados pelos

---

7 CRYPTOID. *Kevin Mitnick será Keynote Speaker no evento BRAZIL CYBER DEFENCE.* 16.02.2018. Disponível em: <https://cryptoid.com.br/banco-de-noticias/brazil-cyber--defence-confirma-kevin-mitnick-como-keynote-speaker-confira-a-agenda/>. Acesso em: 22.08.2020.

crackers para cometerem os *cybers attacks*, os quais denominamos de engenharia social.

São técnicas utilizadas para obter acessos não autorizados em sistemas, redes ou informações. O ser humano é o elemento de vulnerabilidade quando tratamos de SI (Segurança de Informação), por isso a importância de SGSI (Sistema de Gestão de Segurança da Informação).[8]

Para entendermos os métodos de engenharia social, vamos relembrar alguns conceitos e tipos de vírus. Percebendo como eles funcionam, poderemos mensurar como é importante a conscientização de nossas equipes quanto aos vazamentos de dados na empresa.

Um tipo de vírus bem conhecido são os *Malwares*[9], sendo o nome derivado da palavra em inglês "malicius *software*", ou seja, desenvolvido para infectar um computador e prejudicar a empresa de diversas maneiras.

Esses *softwares* possuem várias formas conhecidas como cavalos de tróia ou *trojan*, *worms*, *spyware*, dentre diversos outros que certamente o setor de TI da empresa conhece bem, mas que todo o restante dos colaboradores pode até mesmo nunca ter ouvido falar e não sabe da gravidade que causa uma infecção por esses *softwares*. Assim, é importante implementar a capacitação de 100% da equipe para mitigação das vulnerabilidades.

Um dos erros mais diagnosticados nas empresas, principalmente no Brasil e que vem aumentando os incidentes, é justamente devido à falta de conscientização dos funcionários sobre os diversos danos que podem ser causados por vírus ou atitudes de negligência pela falta de SGSI na empresa. Infelizmente, a capacitação nas empresas ainda é muito precária, principalmente nas pequenas, sendo necessário o investimento e diria até que o interesse das pessoas em aumentarem seus conhecimentos para reduzir os riscos de *cyber attack* nas organizações. Assim, seja qual for a atividade ou o tamanho da empresa, precisam inserir na cultura a capacitação[10].

---

8 ALMEIDA, Dionice de. *Curso EAD "Noções de Engenharia Social e Riscos Cibernéticos"*. maio de 2020.

9 KASPERSKY. *Aprenda sobre malware e como proteger todos os seus dispositivos contra eles*. 12.12.2018. Disponível em: <https://www.kaspersky.com.br/resource-center/preemptive-safety/what-is-malware-and-how-to-protect-against-it>. Acesso em: 22.08.2020.

10 PINHEIRO, Flávio R. *Curso e-learning: Fundamentos da Segurança da Informação*

Os *malwares*, dentre outros tipos de vírus, são criados por cibercriminosos para praticar crimes dos mais diversos, onde consequências intangíveis podem acontecer em decorrência de um simples descuido de um colaborador não orientado devidamente. Vimos, nos capítulos sobre a LGPD, que a empresa poderá sofrer sanções e penalidades as quais poderão prejudicar a imagem do negócio, podendo ocorrer desde danos reputacionais como vários outros prejuízos financeiros decorrentes do fato. Reforçamos que as responsabilidades podem ser bem complexas, expondo não somente a empresa, mas também as pessoas individualmente, pois lembremos que o simples ato de um *click* é a chave da questão para que permitamos uma invasão de um cibercriminoso.

Haverá repetição nos próximos capítulos ao falar sobre mitigação do risco nas empresas e sobre as responsabilidades do clicar imprudentemente sendo uma forma de fixarmos a importância da atenção quando se trata de engenharia social, tendo em vista a necessidade da prevenção, assim se consegue mitigar o risco de *cyber attacks* nas empresas e nas redes domésticas.

Este livro ajudará a aumentar a percepção aos *clicks* direcionados às pesquisas e brincadeiras nas redes sociais, assim como evitará que você seja uma das vítimas em golpes aplicados por meio de aplicativos, por exemplo; afinal, quem ainda não caiu em um golpe desses provavelmente conhece alguém que já transferiu dinheiro para um "amigo que pediu ajuda pelo *WhatsApp*", mas que, ao final do dia, descobre-se que aquele número foi clonado.

Durante a pandemia, observou-se um elevado aumento no número de golpes, onde os criminosos utilizaram-se até do Coronavírus como motivo de apelo emocional para atrair suas vítimas. E os riscos cibernéticos só tendem a aumentar. A cada dia surgem novas formas, mesmo utilizando-se de velhos métodos de engenharia social.

Mas como reduzir essas ocorrências? Protegendo e mitigando os riscos com mais capacitação, por meio de adequação, treinamento, contratação de seguros e investindo em segurança de tecnologia, bem como na padronização dos processos internos nas empresas e vai se falar profunda e repetidamente das vulnerabilidades utilizadas para invasão nas mesmas.

Qualquer empresa que não esteja com seus colaboradores capacitados sobre esse tema é responsável pelo seu risco e está aumentando

---

(com base na ISO 27001 e 27002) - Preparatório EXIN ISFS. São Paulo, 15.06.2020.

ENGENHARIA SOCIAL E MITIGAÇÃO DO RISCO

sua vulnerabilidade, podendo sofrer prejuízos financeiros imensuráveis.

Mesmo orientando seus colaboradores e investindo na segurança da informação, ainda assim ela continuará com vulnerabilidades e, para isso, existem apólices de seguro cibernético, as quais oferecem soluções de baixo custo, mas que protegem os *gaps* que ainda continuam expondo uma empresa ao risco. Com tempo e planejamento, a empresa poderá investir na implementação da SGSI sem prejudicar seu capital de giro tão essencial para a manutenção do negócio. Até aqui já se aprenderam boas práticas e sua importância. E perante a ANPD, por exemplo, a capacitação aliada ao seguro cibernético são demonstrações interessantes aos órgãos reguladores de que a empresa preocupa-se quanto à segurança dos dados. E antes de tratar sobre essa modalidade de seguros, vamos aprofundar sobre os métodos de engenharia social, começando pela conscientização do colaborador, do CEO e da alta cúpula da organização, independentemente do tamanho e atividade da empresa, pois o assunto aplica-se também ao empreendedor com uma pequena equipe. Basta adaptar o tema de acordo com a sua realidade, já que se trata de um risco que não vê faturamento, podendo atingir as grandes organizações através dos seus pequenos fornecedores, ou seja, o risco está conectado na rede de todos os nossos fornecedores ou clientes.

Todo indivíduo precisa saber quais são as técnicas de engenharia social utilizadas pelos criminosos, não só o CEO da empresa. Tanto os diretores como quem trabalha nos serviços gerais precisam reconhecer quando estão em contato com o risco e as consequências de um simples *click* ou até mesmo algumas frases trocadas no café da esquina com um colega de trabalho.

A engenharia social não afeta somente quem está na frente de um computador, já que qualquer pessoa pode ser um alvo fácil de um cibercriminoso, seja por um telefonema, seja por uma autorização de um indivíduo estranho para entrar fisicamente em locais de confidencialidade na empresa, ou seja, podemos abrir vulnerabilidades com pequenos atos e todos os exemplos que mencionamos neste livro são metodologias utilizadas diariamente pelos vilões criminosos.

Sugere-se que, conforme avance na leitura, imagine os setores da sua organização e identifique a partir dos exemplos que serão mencionados iniciando um mapeamento das suas próprias vulnerabilidades e da empresa, vendo onde se encontram os *gaps*. É importante ter em mente que qualquer pessoa pode ser a próxima vítima e que o principal artifício utilizado pelo cibercrime é a pressão do dia a dia. Ele conta com o aperto nos prazos e metas que preocupa os colaboradores.

Mais do que os próprios sistemas de segurança, esses criminosos agem sobre o psicológico das pessoas e se utilizam da rotina estressante dos funcionários, aproveitando-se dos problemas como a falta de tempo, momentos de distração ou até mesmo aguçando a curiosidade das pessoas para literalmente induzirem aos *clicks* maliciosos, espreitando algum descuido, até que sejam interceptados pelo *cracker*, o qual entrará no computador acessando as senhas e, possivelmente, em poucos minutos invadirá toda a empresa. Incrível, não é?

Se você não conhecia ainda o mundo cibernético mais profundamente pode estar se perguntando: como pode ser assim tão simples? E todo aquele investimento em cibersegurança que pode ter realizado para proteção da empresa, pode ter sido em vão? Certamente não! Quem trabalha com SI provavelmente concordará que o investimento é necessário, mas um reinvestimento contínuo também. Deve-se investir constantemente em tecnologia de segurança. O problema está nos *gaps* e nas brechas que ocorrem principalmente através dos métodos de engenharia social, sendo responsável pelas maiores vulnerabilidades, pois não conseguimos controlar o ser humano que abre um *e-mail* com vírus!

Vejamos se a empresa fez o dever de casa: se contratou o máximo de protecionais segundo seus recursos financeiros, implementou adequação à LGPD. Não se questiona que a sua gestão prima pela conformidade e é uma empresa que certamente deve atrair bons investidores e clientes, mas reflita o seguinte: você consideraria que esta organização está 100% segura porque investe em SI e está adequada à LGPD? A resposta é não e nunca estará!

A questão é que não bastam ações de *compliance* ou investimento em tecnologia simplesmente para proteger-se da invasão cibernética, porque os métodos de engenharia social utilizados pelos *crackers* são a maioria dos casos de sinistros nas apólices de *cyber* seguro no Brasil; e no mundo todo não é diferente! Várias gigantes, com muita tecnologia e segurança, já foram violadas por cibercriminosos. Isso significa que, seja qual for o tamanho do negócio, é necessário também investir em treinamentos para toda a equipe de colaboradores, independente de cargos, pois, independente do setor, qualquer colaborador poderá ser alvo fácil para abrir as portas para o *cracker*.

Neste capítulo abordar-se-ão quais as engenharias sociais mais utilizadas, trazendo algumas soluções de capacitação. Alguns cursos podem exigir pouquíssimo investimento para toda equipe, tornando-se viáveis para qualquer tamanho de empresa ou para empreendedores individuais. Encontramos diversas soluções na *Internet* para qualquer atividade sendo algumas das tecnologias oferecendo uma série de recursos, os quais facilitam o acompanhamento da equipe inteira. É uma boa maneira de evitar vulnerabilidades implementarmos capacitações voltadas para a segurança cibernética, incluindo, sempre que possível, temas relacionados às engenharias sociais, pois, além de colaborar na prevenção do risco, é uma das boas práticas de acordo com exigências da Lei Geral de Proteção de Dados, conforme já visto anteriormente.

Se a sua empresa é pequena e não possui uma plataforma de educação corporativa, fique tranquilo: encontram-se facilmente cursos de prateleira e produtos de qualidade, como alguns cursos EAD gamificados, os quais podem ser comprados individualmente, possibilitando a certificação para um indivíduo por matrícula.

A educação digital está numa crescente exponencial no Brasil e com a chegada da LGPD eu diria que se torna uma ferramenta fundamental de controle da mitigação do risco e boas práticas, já que as plataformas de aprendizagem digital emitem até certificados individuais dos colaboradores. E sendo tudo isso exigido pela Lei, poderá colaborar se a empresa precisar demonstrar à ANPD que capacita sua equipe, além de mitigar os riscos de invasões através de cursos preventivos, alertando seus colaboradores quanto aos métodos utilizados para invasões por cibercriminosos. São metodologias excelentes para demonstrações das boas práticas. E se a empresa deparar-se com uma invasão, poderá utilizar-se dessas ferramentas para comprovar suas práticas e minimizar suas penalidades.

Sendo assim, fica a dica para que busquem bons fornecedores, certifiquem-se se as empresas estão adequadas à LGPD. A não adequação pode trazer prejuízos à empresa; a adequação é premissa para bons negócios. Contratos com empresas que estejam adequadas à Lei, que tenham boas apólices de seguros cibernéticos e que se preocupam com a capacitação dos colaboradores são as empresas que queremos como parceiras e fornecedoras.

Sabendo que a educação empresarial é um excelente recurso que pode ser utilizado independentemente do tamanho das empresas, vamos a mais exemplos sobre a ocorrência de violação por meio dos métodos utilizados pelos *crackers*, pois é através destes que conseguiremos proteger o nosso negócio.

Vejamos os Métodos de Engenharia Social mais aplicados na maioria dos golpes dos cibercriminosos.

II. 1. *BAITING*

É a famosa "isca" para os indivíduos "curiosos". Lembre-se de que mencionei há alguns parágrafos que o *cracker* utiliza muitas vezes de estados emocionais ou o fato de a pressão no trabalho para o cidadão morder a isca? Esse é um típico exemplo onde a curiosidade é o que promove a falha e, consequentemente, permite a invasão. É um método antigo muito comum quando ainda se utilizava CD, *pendrive*. Atualmente continua com *pencard* dentre outros dispositivos similares, sempre deixados pelo *cracker* literalmente "largando" o dispositivo infectado em alguma mesa até que um colaborador curioso o encontre e abra o mesmo para identificar o material.

O ato do próprio funcionário abrindo o dispositivo é que infecta o computador com o *malware*. Perceba que a capacitação e orientação do colaborador desavisado poderá evitar a invasão se imaginarmos a cena. A orientação dos colaboradores pela empresa, no caso, é eficaz; portanto, deve-se mostrar aos indivíduos que, ao se deparar com qualquer dispositivo que não seja seu, não deverá em hipótese alguma abri-lo! Aquele ditado que "A curiosidade mata" é bem empregada nesse tipo de engenharia social, pois pode realmente comprometer uma organização vinda de uma atitude inconsequente ao abrir um documento contendo um *software* malicioso. E segue sempre o alerta para que todos os colaboradores na empresa compreendam as consequências de um ato impensado.

Um exemplo de um caso real, utilizando o *Baiting*, aconteceu nos Estados Unidos, onde uma empresa que queria roubar dados de sua concorrente fez uma "promoção" distribuindo *pendrives* infectados com *software* malicioso em três restaurantes onde os funcionários da empresa-alvo almoçavam regularmente[11].

II. 2. PHISHING, VISHING E SMISHING

A diferença entre os termos é a forma de contato do *cracker* com a vítima, ou seja, quando o criminoso atuar por *e-mail*, ele está enviando um *Phishing*. Quando ele se utiliza de um telefonema fazendo passar-se por alguém da empresa para conseguir a senha de entrada, ele está cometendo o *Vishing*. E quando ele envia um SMS para a vítima, ele está realizando o *Smishing*, mas os três métodos são basicamente aplicados a um mesmo tipo de golpe. Vamos entender como são jogadas as "iscas" para que o indivíduo caia nessa pescaria.

Para que o golpe funcione, o *cracker* contará com a ajuda e a interação da vítima, que irá colaborar com ele ao autenticar um documento ou acessar um cartão fornecendo uma senha. E no momento em que ele conceder a permissão, o criminoso conseguirá cometer a invasão. Um bom exemplo prático é quando se recebe um *link* de compra em sites similares aos que a vítima está acostumada a acessar. E, ao tentar comprar nesse suposto *site*, a pessoa precisa incluir a senha do cartão de crédito. Nesse momento, a pessoa estaria passando ao criminoso algumas informações sem saber que está sendo espionada e fornecendo seus acessos e senhas. Basta usar a imaginação para entender o que o criminoso pode fazer com informações de um cartão de crédito. No exemplo, pode-se imaginar alguns prejuízos financeiros.

Por telefone, utilizando o método *Phishing*, um bom exemplo é o *cracker* fazer-se passar por alguém do comercial de uma empresa, ligar para o departamento de suporte e pedir uma nova senha. Se você acha que isso não aconteceria, faça uma breve pesquisa na *Internet* e ficará surpreso. Esse golpe geralmente acontece em grandes empresas, justamente por ter muitos colaboradores. As pessoas acabam entregando as senhas e os acessos à rede da

---

11 G1. *Golpe do pen drive rouba dados de empresas*. 31.05.2007. Disponível em: <https://glo.bo/2UBYesj>. Acesso em: 22.08.2020.

própria empresa sem mesmo certificar-se de que aquele do outro lado da linha é realmente seu colega de trabalho, fornecendo permissões indevidamente.

Você pode estar pensando: "Isso não aconteceria em minha empresa". Eu diria que é mais comum do que se imagina e você pode surpreender-se ao fazer um teste, pois você perceberá o quanto as pessoas são "prestativas" e querem ajudar seus colegas. O ser humano tem essa tendência de querer colaborar acreditando na simpatia do outro lado da linha, mas devemos lembrar que estamos nos referindo a criminosos; portanto, certificar-se antes de informar algo é extremamente válido nesses casos.

Lembre-se de que os *crackers* são pessoas muito inteligentes e às vezes articuladas a ponto de conseguirem os acessos desejados. E estão dispostos as mais diversas alternativas para ludibriar as pessoas, usando as vulnerabilidades emocionais dos indivíduos e assim conseguirem o que precisam para invadir as empresas. Outro fato comum é se utilizarem do envio de *e-mail* com arquivos maliciosos ou mensagens em *pop-up*[12] e até mesmo as redes sociais como *Facebook* ou *Instagram*, confundindo a vítima que acredita estar em um *site* de confiança, acabando por fornecer informações de crédito e conta corrente muito facilmente.

II. 3. *SPEAR PHISHING*

Essa metodologia, apesar de similar ao *Phishing*, é utilizada com foco para violação de dados em empresas. O *cracker*, no caso, faz-se passar por alguém interno, conhecido do colaborador como o próprio CEO ou algum diretor do mais alto escalão na empresa, levando o funcionário a cumprir imediatamente as ordens recebidas, tornando a vítima facilmente vulnerável, pois é difícil um subordinado "questionar" um pedido vindo de cima, correto? É o que o cibercriminoso espera que o indivíduo faça. Geralmente o colaborador recebe por *e-mail* um documento e abre sem pestanejar, clicando em um *malware* ou permitindo acessos e senhas no computador do funcionário, obtendo informações que ajudarão o criminoso a conseguir o seu real objetivo, o

---

12 Aba (janela) que se abre instantaneamente no dispositivo ao acessar determinada página.

qual geralmente é obter acessos mais complexos.

Nesse método utilizado pelo *cracker*, a falta de atenção é o ponto de sucesso ou fracasso na violação, pois alguns pequenos detalhes na assinatura ou no próprio endereço de *e-mail* podem ajudar o colaborador a identificar que o *e-mail* não é do seu superior. Além disso, a dica para evitarmos cair nesse golpe é: questione-se! Verifique se o que está sendo pedido é algo plausível, mas, se lhe parecer estranho o que o *e-mail* sugere que faça, simplesmente não abra e se certifique sobre a veracidade do mesmo antes de clicar no seu anexo.

Reflita se a mensagem lhe parece estranha. Lembre-se de que nos golpes são utilizadas as falhas ocasionadas pela pressão do cotidiano. Ao parar por alguns minutos para questionar-se, é possível reduzir consideravelmente os riscos evitando ser a próxima vítima e expor toda a empresa em virtude de uma atitude impensada. Lembre-se sempre de que o cibercriminoso induz emocionalmente suas vítimas a caírem nas suas mentiras e assim ele consegue os acessos necessários para cometer as invasões.

Existem alguns testes gratuitos onde você pode identificar se o arquivo contém *phishing*, como, por exemplo, o *Phishing Quiz do Google*[13].

II. 4. *PRETEXTING*

A tradução da própria expressão do inglês para o português por si só já deduz o significado da palavra PRETEXTING, que significa PRETEXTO.

O *pretexting* é a prática de apresentar-se como alguém diferente do propósito para adquirir informações sensíveis, normalmente através do telefone.

Nesse método de engenharia social, o *cracker* obtém a confiança da vítima fazendo-se passar por outra pessoa, geralmente coagindo o indivíduo para conseguir as informações que almeja e cometer a invasão de dados na empresa.

Uma maneira fácil de entendermos o *pretexting* é analisarmos como isso pode acontecer em outras profissões, como, por exemplo, advogados e médicos abordam os seus clientes fazendo analogias e conseguindo as informações para defender

---

13 GOOGLE PHISHING QUIZ. Disponível em: <https://phishingquiz.withgoogle. com/?hl=pt-BR>. Acesso em: 22.08.2020.

os seus clientes, falando dos advogados; ou cuidar dos seus pacientes, no caso dos médicos. Esses profissionais conseguem obter informações necessárias para uma boa análise do problema deixando seus clientes confortáveis, conseguindo formular um diagnóstico ou análise do problema. O *cracker* utiliza esta mesma estratégia para obter as informações necessárias para a invasão na empresa.

O *cracker* está habituado a simular situações falsas como pesquisas através das redes sociais, utilizar uma relação de amizade e pessoas próximas do indivíduo para conseguirem algum dado que seja utilizado na invasão. O pretexto são os mais diversos e o importante é estarmos atentos a quem e o porquê os dados estão sendo solicitados. Devemos certificar-nos sobre o porquê de respondermos a certas pesquisas e se é realmente necessário participarmos de algumas brincadeiras nas redes sociais, por mais divertido que possa parecer.

Refletirmos sobre onde podem parar as nossas informações e preferências pessoais é relevante quando falamos de cibercrime. Não é intenção cortarmos o prazer de milhões de *softwares* que trazem diversão e leveza ao dia a dia; porém, a partir desse conhecimento, tomarmos as devidas precauções antes de fornecer nossos dados desnecessariamente sem conhecermos quais as finalidades pretendidas.

A CNN publicou um vídeo muito interessante onde podemos visualizar essa metodologia. Nele, observa-se o *hacker* ligando para o suporte técnico de uma empresa e, com alguns argumentos, em menos de 2 minutos, obteve o acesso ao computador do atendente da empresa[14].

II. 5. *SCAREWARE*

Scareware compreende várias classes de *software* mal intencionadas, ou cujo benefício é limitado ou inexistente, que são vendidos aos consumidores por meio de certas práticas antiéticas de *marketing*. A abordagem de venda utiliza engenharia social para causar choque, ansiedade ou a percepção de uma ameaça, sendo

---

14 CNN Business. *Watch this hacker break into a company*. 01.06.2016. Disponível em: <https://www.youtube.com/watch?v=PWVN3Rq4gzw>. Acesso em: 22.08.2020.

geralmente dirigida a usuários desavisados. Algumas formas de *spyware* e *adware* também usam táticas de *scareware*[15].

Uma tática usada frequentemente pelos criminosos envolve convencer os usuários de que um vírus infectou o seu computador, sugerindo então que baixem (ou paguem por) programas antivírus falsos para removê-lo. Geralmente o vírus é totalmente fictício e o *software* não tem qualquer funcionalidade ou é ele próprio um *malware*. De acordo com o Anti-Phishing Working Group, o número de pacotes *scareware* em circulação cresceu de 2850 para 9287 na segunda metade de 2008. Na primeira metade de 2009, o APWG identificou um aumento de 585% no número de programas *scareware*.

O termo "*scareware*" também pode ser aplicado a qualquer aplicação ou vírus (não necessariamente vendido como acima) que prega peças no usuário com a intenção de causar ansiedade ou pânico.

Esse método baseia-se em uma suposta ameaça. Como a vítima muitas vezes acredita que o computador dela foi fortemente infectado por vírus, ela compra o antivírus recomendado naquele momento e justamente esta compra é o golpe. O indivíduo geralmente utiliza o cartão de crédito para comprar a solução. E, com medo de perder suas informações, ele usa o sentido de urgência da vítima, que paga para ser ludibriada.

O *cracker* pode ser motivado para roubar os dados e senhas de cartões de crédito ou por uma transferência de créditos bancários através da compra, pagando um boleto falso do produto *fake*, no caso do exemplo, o antivírus. O mais importante dessa modalidade é saber se realmente se está comprando produtos confiáveis e com procedência séria, além de não se deixar influenciar pelo sentimento de medo de perder as informações clicando em qualquer *pop-up* que surgir na tela do computador, tornando-se uma vítima de *scareware*.

O programa de TV Fantástico, da Rede Globo, alertou em reportagem sobre um antivírus falso que era instalado em máquinas, onde detectava um *software* malicioso e cobrava para eliminar a infecção[16].

---

15 SCAREWARE. In DICIO, Wikipedia. Disponível em: <https://pt.wikipedia.org/wiki/Scareware>. Acesso em: 22.08.2020.

16 ROHR, Altieres. *Scareware: conheça as fraudes que apelam para o medo na web*. In G1. Disponível em: <http://g1.globo.com/tecnologia/blog/seguranca-digital/post/scarewa-

II. 6. *WATERING HOLE ATTACK*

O nome desse tipo de engenharia social deriva do modo como animais agarram suas presas, ficando à espreita na beira da água aguardando para dar o bote certeiro. Mas na vida animal isso acontece por pura e simples sobrevivência, enquanto o ser humano chamado de *cracker* utiliza dessa similaridade por ganância.

O ataque chamado *watering hole* é uma exploração de segurança na qual o invasor compromete um grupo específico de usuários finais, infectando *sites* que estas pessoas estão habituadas a visitar. O objetivo do criminoso é infectar o computador do usuário alvo e obter acesso à rede da empresa onde a vítima trabalha[17].

Por analogia, o ser humano que é a vítima do *cracker* em um *watering hole attack* está tão distraído ou estressado que não percebe o criminoso chegar e dar o bote. Mesmo que tenhamos muito investimento em segurança da informação, com todos os amparos tecnológicos dos mais modernos e seguros, se o colaborador da empresa for descuidado, não haverá impedimentos ao cibercriminoso, lembrando que é a vulnerabilidade das pessoas o principal motivo da invasão acontecer; por meio dos erros e descuidos humanos que o *cracker* espreita-se até aparecer a brecha. Ele é paciente e vai aguardar até conseguir violar os dados da empresa.

Vejamos como ocorre na prática esse tipo de invasão. Geralmente o *cracker* joga sua isca através de *sites* os quais são habitualmente acessados pela vítima. Ele se esconde no *site* original, esperando o momento de o indivíduo entrar no ambiente já conhecido por ele como um *site* usual da sua vítima. É lá que estará a vulnerabilidade. No geral, utiliza-se o *malware* para concretizar essa estratégia. A vulnerabilidade da vítima é usada pelo invasor para coletar as informações de rastreamentos durante a sua navegação, focando sempre em um usuário específico, previamente escolhido pelo *cracker*.

É uma metodologia muito utilizada em grandes corporações,

---

re-conheca-fraudes-que-apelam-para-o-medo-na-web.html>. Acesso em: 22.08.2020.

17 ROUSE, Margaret. *Watering hole attack*. In Techtarget Search Security. Disponível em: <https://searchsecurity.techtarget.com/definition/watering=-hole-attack#:~:text-A%20watering%20hole%20attack%20is,the%20target's%20place%20of%20employment>. (Tradução do autor). Acesso em: 22.08.2020.

sendo o alvo habitualmente pessoas que trabalham para grandes empresas ou órgãos do governo. Algumas informações são coletadas durante a navegabilidade como, por exemplo, acessos importantes como políticas de segurança e os acessos às nuvens, o que torna o ataque bem perigoso a quem é vítima dele[18][19].

II. 7. *QUID PRO QUO*

É a engenharia social que funciona como uma troca. É uma expressão latina de origem medieval[20] que significa "isso por aquilo". Se já assistiu ao filme "O silêncio dos inocentes"[21], poderá identificar essa metodologia, utilizando-se do exemplo da ficção, onde a expressão era muito usada pelo personagem Hannibal Lecter que, ao falar com a policial Clarice Sterling, dizia sempre: "Quid Pro Quo, Clarice...". Para quem gosta de séries e filmes de suspense ou policial com a presença de casos intrigantes com investigação do FBI e ação, a engenharia social é um prato cheio.

No filme citado, o personagem deixava claro que, para entregar alguma informação de valor para que a polícia prendesse o *serial killer* Buffalo Bill, a policial, na personagem de Clarice Sterling, deveria dar outra informação ao preso Hannibal e, no caso, ela tinha que contar detalhes de sua vida e do seu passado em troca, dando outra informação na mesma medida.

No caso do cibercrime, o *cracker* utiliza esse método iludindo sua vítima, trocando informações por "algo em troca". Para isso, ele atrai sua vítima com alguns subterfúgios como ofertas tentadoras ou telefonemas fazendo-se passar pela área de suporte, por exemplo, para conseguir do colaborador a sua autenticação de dados pessoais, ou

---

18 WATERING HOLE ATTACK. In DICIO, Techopedia. Disponível em: <https://www.techopedia.com/definition/31858/watering-hole-attack>. (Tradução do autor). Acesso em: 22.08.2020.

19 NCSC. *Watering hole attack*. Disponível em: <https://www.ncsc.gov.uk/collection/supply-chain-security/watering-hole-attacks>. Acesso em: 22.08.2020.

20 QUID PRO QUO. In DICIO, Wikipedia. Disponível em: <https://pt.wikipedia.org/wiki/Quid_pro_quo>. Acesso em: 22.08.2020.

21 O SILÊNCIO DOS INOCENTES. *The Silence of the Lambs* (título original). Direção: Jonathan Demme. Intérpretes: Jodie Foster, Anthony Hopkins, Lawrence A. Bonney. Roteiro: Thomas Harris. EUA: 1991. 138min.

acessos na rede da empresa, os quais são o objetivo principal do golpe. Como diz o ditado popular "não existe almoço grátis". Fique atento às ofertas tentadoras demais; aquelas que geralmente surgem no seu *Instagram* ou que vêm por *WhatsApp* e são muito atraentes. Desconfie! Principalmente, tome cuidado ao fornecer acessos ou senhas, pois o vilão pode estar tentando violar seus dados ou até mesmo sua conta corrente.

A BBC BRASIL publicou uma reportagem que relata como empresas ganham dinheiro com esses testes do *Facebook* vendendo dados pessoais dos usuários[22].

II. 8. *HONEY TRAP*

O termo inglês significa "armadilha do mel" ou armadilha sexual. É derivado dos insetos que são atraídos pelo mel e acabam caindo nas armadilhas da natureza, mas na engenharia social ele é usado para atrair as vítimas a se envolverem em uma situação sexual e se comprometendo ao ponto de serem difamadas ou chantageadas posteriormente por criminosos.

A motivação do cibercriminoso é o crime de extorsão, cometendo chantagem para obter vantagem financeira. Agora, pensando na situação da vítima, imagine a sensação da pessoa que se envolve em uma trama dessas; além de dinheiro, perderá muito sono e a paz por completo.

Lembre-se de que o *cracker* não é o *hacker*, justamente porque é um criminoso; portanto, não possui ética, nem escrúpulos. Dessa forma, todo o cuidado é pouco com pessoas dessa índole. Elas são ardilosas e muitas vezes buscam usar a emoção do ser humano para conseguir alguma vantagem. Elas estão sempre atrás de informações confidenciais que valem algo na *dark web*, ou seja, os dados e informações sensíveis são dinheiro fácil para elas e servem de grande motivação para pedidos milionários em resgates com criptomoedas.

---

22 Algumas empresas usam os testes do *Facebook* como ferramenta de coleta de dados de pessoas que estão interessadas em determinados testes. Depois que se tem pessoas que se interessadas por determinado tema, se vende a base de dados. MENDONÇA, Renata. *Como os testes de Facebook usam seus dados pessoais - e como empresas ganham dinheiro com isso.* In BBC News. Disponível em: <https://www.bbc.com/portuguese/salasocial-43106323>. Acesso em: 22.08.2020.

Exemplo clássico de cibercrime é o caso do *site* de relacionamento extraconjugal Ashley Madison[23].

II. 9. *TAILGATING OU PIGGYBACKING*[24]

Essa técnica é muito antiga e também utilizada até mesmo antes de existir a *Internet*. Também encontramos diversos exemplos em filmes e séries. Aliás, quem costuma assistir séries de investigação criminal sabe o quanto as engenharias sociais são utilizadas nos mais diversos ícones da ficção e, certamente, a partir dessa leitura, estará apta a distinguir armadilhas e os métodos aplicados pelos bandidos e também por mocinhos tentando se salvar.

O significado da palavra vem do "pegar carona[25]" semelhante à "utilização não autorizada", ou seja, quando alguém aproveita-se de outra pessoa que seja autorizada para entrar em algum recinto no qual não conseguiria sozinha, ou seja, o criminoso pega uma "carona" para adentrar onde ele almeja estar seja este acesso eletrônico, seja físico.

Essa técnica é muito utilizada para a obtenção de ativos valiosos e informações confidenciais nas empresas as quais geralmente ficam em um local bem seguro, onde quase não circulam pessoas. Por esse motivo, a entrada do *cracker* no recinto é com muito traquejo. Ele geralmente é bem educado e simpático para distrair sua carona e conseguir entrar na empresa sem chamar muita atenção.

---

23 O conhecido site de relacionamentos Ashley Madison foi alvo de um ataque cibernético bem-sucedido. O slogan deste portal é: "Ashley Madison – A vida é curta. Curta um caso". O Ashley Madison pertence à empresa Avid Life Media, que admitiu que o ataque atingiu, também, os portais Cougar Life e Established Men. Há 37 milhões de usuários no portal Ashley Madison e, agora, cada uma dessas pessoas espera ansiosamente para ver se suas informações mais íntimas e privativas serão publicadas ou se lhes será dada, mediante um custo, a oportunidade de impedir que isso aconteça. Dada a confidencialidade dos dados, esse ataque pode ser o roubo cibernético mais lucrativo de todos os tempos, uma ação que pode estabelecer outros precedentes muito preocupantes.
JIMENEZ, Ray. *O caso Ashley Madison: nova tendência em crimes digitais*. In Canaltech. Disponível em: <https://canaltech.com.br/seguranca/o-caso-ashley-madison-nova--tendencia-em-crimes-digitais-47445/>. Acesso em: 24.08.2020.

24 CANAL CONTRA ESPIONAGEM. *Técnica de pegar carona (tailgating ou piggybacking)*. 17.04.2017. 1 vídeo (0:31) Disponível em: <https://www.youtube.com/watch?v=REp-fDKx-V3g>. Acesso em: 24.08.2020

25 PIGGYBACKING (security). In DICIO, Wikipedia. Disponível em: <https://en.wikipedia.org/wiki/Piggybacking_(security)>. Acesso em: 24.08.2020.

Em pequenas empresas, quando o controle de acesso é por recepção, sem grandes controles de segurança e identificação, onde geralmente é um colaborador da empresa quem abre a porta para que outras pessoas entrem, considera-se que todo visitante é honesto, tornando-se mais arriscada a perda das informações. Entendendo como as engenharias sociais funcionam, independentemente do tamanho ou atividade da empresa, deve-se adotar alguns protocolos de controles e cuidados quando se tratar de visitantes no local de trabalho, mesmo quando forem fornecedores. Deve-se tomar cuidado com as informações que circulam e principalmente alguns cuidados mínimos quanto aos dados sigilosos que podem estar em cima de uma mesa simplesmente ou abertos para qualquer pessoa que olhar consiga identificá-los.

Portanto, o importante desse método de engenharia social é lembrar que o objetivo principal do cibercriminoso é obter o acesso às áreas restritas, onde contenham as informações mais valiosas da empresa, que não devem em hipótese alguma vazar para a concorrência tampouco dados de clientes, por exemplo.

A IMPORTÂNCIA DO FATOR HUMANO

Os principais métodos de engenharia social utilizados pelos *crackers* em qualquer região do Brasil e do mundo foram descritos neste capítulo e o aprendizado sobre os tipos de golpes aplicados e que se deve ter especial atenção está no elo entre as pessoas com o *cracker*. E são as vulnerabilidades que o cibercriminoso utilizará como a principal arma para conseguir violar uma empresa ou promover vazamento de dados pessoais. Por esse motivo, é importantíssimo que cada indivíduo tenha em mente as fragilidades emocionais que podem ser expostas a esse especialista em utilizar as fraquezas das pessoas para obter o sucesso, violando informações sigilosas. Assim, quaisquer que sejam suas motivações, cada um deve ter consciência de riscos e responsabilidades.

Importante entender também a fragilidade a que se pode expor a empresa, sendo também muito importante para todo o contexto explorado até então. Um fator que poderá facilitar exposições é termos na equipe algum colaborador desmotivado com as suas atividades. Ele também deverá ser considerado uma vulnerabilidade para a organização.

Toda empresa precisa cuidar dos riscos como parte da gestão do seu negócio como um todo e deve precaver-se procurando pensar onde podem estar suas possíveis fraquezas e exposições. Embora possa parecer ao RH que seu envolvimento está concentrado só na gestão de pessoas e que os riscos cibernéticos são de responsabilidade somente da área de segurança da informação, quando tratamos de mitigação de riscos cibernéticos, é um elo correlacionado a toda a empresa.

Imagine cada área da empresa conectada, unindo todos os setores para que a engrenagem funcione em perfeita sincronia. Fazendo uma analogia, entende-se que a empresa estará mais protegida quando o time inteiro estiver em conformidade desde o entendimento da cultura, onde todos compreendam os seus valores e o propósito, pois, quanto maior for a coesão dos ideais de um negócio, melhor seu time executará suas tarefas com as responsabilidades necessárias, obedecendo aos processos internos e às regras de segurança e gestão da empresa. É numa engrenagem perfeita onde é possível estar preparado para o enfrentamento de crises geradas pelas invasões cibernéticas, evitando grandes catástrofes nas corporações.

III. A ORIGEM E A EVOLUÇÃO DOS RISCOS CIBERNÉTICOS NO MUNDO

Perceba como os riscos cibernéticos evoluíram muito antes de existir a *Internet* no mundo analisando a figura abaixo.

2021 Estimativa Prejuízos de US$ 6 trilhões

Curso Técnico: Riscos e Seguros Cibernéticos, Professor: Tiago Lino, Escola Nacional de Seguros, Junho de 2019.

Encontram-se muitas pesquisas sobre a evolução do tema proteção digital em estudos e pesquisas relacionadas ao Direito Digital, sendo que em 1948 iniciou-se um processo de evolução tecnológica e, consequentemente, com ela nasce a preocupação com a privacidade, em seguida da segunda Guerra Mundial, pois as descobertas realizadas naquela época começaram a evidenciar a íntima relação de proteção aos direitos humanos e à privacidade do indivíduos[26].

Portanto, desde aquele período que o tema privacidade de dados já iniciou um processo evolutivo e está intimamente relacionado ao uso de certas informações com liberdade. Porém, onde há muita liberdade, certamente alguns acabam se excedendo e cometendo abusos e, a partir do momento em que alguns não sabem o limite do que é correto e a falta de bom senso existe, seja no âmbito pessoal seja profissional, percebe-se a necessidade de uma legislação para controlar o uso indevido das informações.

A Lei Geral de Proteção de Dados veio para ficar. Observando a figura anterior, pode-se entender que se discute o assunto há muito tempo desde que em 1973 a primeira Lei Nacional de Proteção de Dados foi lançada na Suécia. Ou seja, o assunto vem evoluindo ao longo desses mais de 40 anos e só agora, a partir da assinatura do presidente Sr. Michel Temer, é que os brasileiros começaram a discuti-lo. A boa notícia é que existem maneiras para reduzirmos os riscos e seguros voltados para a proteção digital das empresas desde 2012 no Brasil, sendo criados produtos nesse segmento desde 1997 nos EUA.

Em termos de proteção e mitigação de riscos, os EUA estão à frente em se tratando de seguros cibernéticos, preocupando-se com os dados causados pelos vazamento de dados desde 1997, quando um corretor de seguros, chamado Steven Haase, da cidade de Atlanta - EUA, nessa época era o CEO da empresa Insure TRUST, uma das maiores corretoras da região e buscando atender a necessidade de proteger o segmento de tecnologia. Foi ele, um corretor de seguros, quem encarou o desafio de criar um produto que protegesse seus clientes em decorrência de roubo e o vazamento dos dados. Após inúmeras frustrações, ele encontrou receptividade de uma Seguradora

---

26 PINHEIRO, Patrícia Peck. Curso EAD: *"Proteção de Dados Pessoais"*. São Paulo, ago. 2020.

que desenvolveu um novo produto e lançou em 15 de abril de 1997 a primeira apólice de seguros cibernéticos emitida no mundo.

Atualmente no Brasil temos ainda poucas seguradoras atuando com essa modalidade de seguros no seu portfólio de produtos. É uma modalidade que tem amplo potencial para crescimento e acredito que futuramente se tornará um dos produtos mais vendidos nesse mercado, tendo em vista a sua importância para as empresas no que tange à proteção e mitigação de prejuízos financeiros, além de oferecer uma solução de baixo custo quando analisamos os possíveis prejuízos que podem ser causados em consequência dos ataques cibernéticos.

Seguindo a ordem cronológica da evolução dos riscos cibernéticos no mundo, no ano 2000 ocorreram alguns fatos e mitos. Quem vivenciou a chegada desse ano, provavelmente lembrará dos medos e mitos criados ao final de 1999, quando se esperava a virada para o ano 2000 e os possíveis acontecimentos que ocorreriam. Algumas pessoas acreditavam fortemente que o mundo poderia acabar, quando na época ocorreu o chamado *Bug* do Milênio[27]. Mas não foi tão terrível quanto se imaginava. O ano virou e um problema que era simples e ligado à tecnologia tornou-se uma preocupação mundial.

A expressão *BUG* significa "falha". Na verdade seria um erro de lógica o qual esperavam que ocorreria, tendo em vista as programações binárias dos sistemas da época e, por conta disso, as pessoas acreditavam que os computadores iriam parar quando a data virasse de 1999 para 2000, pois pensavam que os computadores identificariam o ano 2000 como 1900. Tecnologias à parte, a questão é que, se ocorresse o que esperavam, até as instituições financeiras teriam problemas com prejuízos gigantescos já previstos e empresas iriam à falência. Contudo, embora todo o pânico causado na economia, principalmente nos Estados Unidos, o ano de 2000 chegou e nada de mais grave aconteceu a não ser uma evolução tecnológica, que no final das contas foi positivo para todos.

No ano de 2005, ocorre um grande fato para os riscos cibernéticos quando a empresa Kick Starter sofreu uma invasão em seus servidores, entrando para a história como um dos maiores vazamentos de dados visto naquela época, com cerca de 6 milhões de dados viola-

---

27 PRADO JR, Caio. *Bug do Milênio*. In Mundo Educação. Disponível em: <https://mundoeducacao.uol.com.br/informatica/bug-milenio.htm>. Acesso em: 24.08.2020.

dos, segundo a revista EXAME[28]. O fato ocorreu com a ação de *crackers* que conseguiram invadir os dados cadastrais de muitas pessoas. A partir desse evento, começaram a ocorrer vazamentos significativos, como no governo americano a partir da perda de um *notebook* com dados de mais de 26 milhões de veteranos que acabou acarretando em uma multa de 20 milhões de dólares ao departamento, dentre tantos outros exemplos muito facilmente encontrados com uma simples pesquisa no *Google*.

Pensando na mitigação dos riscos cibernéticos no Brasil, é importante salientar que o seguro já existe há muitos anos nos Estados Unidos e em outros países do mundo, e no Brasil a realidade é também muito similar. Apesar de possivelmente alguns leitores estarem se deparando com essa solução somente a partir de 2018, quando se iniciou a discussão sobre a LGPD, destaca-se que o seguro já é comercializado em nosso país desde 2012. O produto foi trazido para comercialização por uma Seguradora, a mesma que criou o produto nos EUA, muito antes de surgir o tema LGPD aqui no Brasil, e esse seguro foi disponibilizado aos corretores de seguros em todo o país para que fosse comercializado pelos profissionais.

É importante salientar que naquela época o acesso às informações e às facilidades que se encontram atualmente eram diferentes, além de pouca capacitação dos corretores de seguros. Tratando-se de assuntos relacionados à segurança de dados, os corretores tinham o acesso ao produto seguro cibernético, mas praticamente não tinham grandes sistemas de tecnologia em suas próprias corretoras, tampouco preocupações como se tem hoje quanto à segurança da informações ou às consequências de ataques cibernéticos, sendo que tudo isso dificultava para despertar o interesse a esses profissionais. Eles também não entendiam as necessidades dos clientes e, assim, não tinham argumentos para atrair a compra do seguro, mostrando os benefícios de proteção patrimonial. Ou seja, ou os profissionais eram autodidatas no assunto por livre interesse ou sequer saberiam da relevância que o produto teria, como atualmente se consegue perceber em sua complexidade e relevância.

---

28 GUSMÃO, Gustavo. *Os 15 maiores vazamentos de dados da década*. In Exame. Disponível em: <https://exame.com/tecnologia/os-15-maiores-vazamentos-de-dados-da-ultima-decada/>. Acesso em: 24.08.2020.

Se analisarmos tudo que foi visto até o momento sobre os riscos cibernéticos e os métodos de engenharia social e sobre as motivações dos *crackers*, chegaremos à conclusão de que o risco de *cyber attack* já existe há muitos anos e, como todo o seguro visa proteger riscos minimizando prejuízos, seria estranho que em outras partes do mundo existissem apólices que inclusive cobrem boa parte das atividades em diversos países e aqui no Brasil, onde o seguro é muito bem atendido por inúmeras seguradoras multinacionais inclusive, as empresas nacionais não tivessem a oportunidade de proteger-se do risco, não é mesmo?

No Brasil, começou-se a discutir sobre os riscos cibernéticos em empresas fora do meio de tecnologia somente após 2018 com o surgimento da LGPD, sendo que ainda nos deparamos com empresários que desconhecem que existe um tipo de seguro que pode protegê-los de uma série de problemas, sendo este uma grande opção em termos de mitigação de riscos, pois esse assunto ainda é pouco explorado entre nossas organizações. Por isso a importância da busca de profissionais com experiência quando tratarmos sobre a contratação dos seguros em nossas empresas.

Uma boa analogia que se deve pensar ao buscar tanto uma seguradora quanto o profissional especialista que irá realizar a consultoria nessa modalidade de seguro é o mesmo que fazemos quando estamos doente e procuramos por um médico, geralmente procuramos por um especialista, não é mesmo? Dessa forma, ao pensar no seguro cibernético, o empresário deverá procurar profissionais que possuam requisitos e entendimento necessários para esse tipo de produto. Sabendo que a gestão de riscos cibernéticos é extremamente complexa, é importante que uma apólice seja contratada adequadamente e sob medida para cada atividade empresarial.

Entendendo a relevância das apólices de seguros no tema abordado, vamos ao próximo tema onde abordaremos de que forma as empresas podem reduzir seus riscos de prejuízos financeiros.

IV. COMO REDUZIR OS RISCOS DE ATAQUES CIBERNÉTICOS NAS EMPRESAS

Já vimos que a capacitação é um dos fatores mais relevantes e importantes nas organizações, tendo em vista os métodos de engenharia social utilizados pelo *cracker*, aproveitando-se da vulnerabilidade do indivíduo, muitas vezes estressados ou pressionados pelas rotinas, estando eles em *home office* ou não. Percebemos que, se as pessoas estiverem treinadas, elas terão uma percepção mais ampla sobre os riscos que estão correndo no seu dia a dia e, por esse motivo, as grandes empresas que podem incorporar a capacitação em sua cultura organizacional são privilegiadas.

Seja qual for o modelo de Universidade Corporativa ou treinamentos *in company*, é fundamental que incluam em seu planejamento estratégico todos os cursos possíveis que contenham as informações sobre as responsabilidades do colaborador quanto à exposição ao risco e às formas de engenharias sociais existentes, além de deixar bem claro sobre as possíveis consequências de um vazamento de dados na empresa.

Ao conseguir comprovar que seus colaboradores participam de treinamentos relacionados à gestão de riscos cibernéticos, como já mencionado anteriormente, estão também mitigando riscos, porque, se ocorrer algum tipo de dano ou violação e a organização precisar comprovar que tomou as devidas medidas preventivas com a equipe, ela terá atenuantes através das certificações e dos cursos sobre segurança da informação, mostrando que ela alerta seus colaboradores e possui gestão na prevenção e redução dos riscos.

A outra forma da empresa comprovar e mitigar riscos é através da transferência destes para uma seguradora. Mediante a contratação de uma apólice de seguros específica, ela consegue prevenir-se e protege-se dos possíveis *gaps*, os quais possam apresentar vulnerabilidade com relação a SI e assim mitigar os prejuízos financeiros em decorrência de possíveis vazamento de dados.

A abordagem trará as formas mais prováveis através das quais ocorrem as invasões e dos possíveis danos relacionados aos ataques cibernéticos para que o empreendedor ou o colaborador conheça algumas das medidas existentes nas modalidades de seguros comercializados no Brasil.

Todos os relatos de especialistas que cuidam da segurança de informação, fontes das mais diversas pesquisas relacionadas ao tema "risco cibernético", vêm ao encontro de praticamente uma mesma previsão: "Não podemos dizer quando a empresa será atacada, mas temos a certeza de que é questão de tempo." Assim como há a certeza de que a morte chegará a todos um dia, mas não se sabe dia, hora nem como.

É a correlação que se pode fazer quanto aos ataques cibernéticos e o vazamento de dados nas empresas. Meio trágico não? Mas é real e, após a pandemia, diversos setores tiveram de adaptar-se do dia para a noite para o *home office*, sem muito tempo para planejamento tampouco orientação dos colaboradores.

Justamente nesse período, quando todo o mundo preocupou-se por causa da Covid-19, que os ataques cibernéticos aumentaram exponencialmente. E como muitas empresas brasileiras não estavam preparadas culturalmente, têm um preço a pagar, pois o Brasil é um dos países com maior índice de ataques cibernéticos do mundo e, se a nossa cultura não mudar, continuaremos sendo um país de grandes vulnerabilidades, independentemente do ano e do problema que estejamos enfrentando.[29]

Pensando nas empresas que já estão adequadas à LGPD, se elas fazem treinamentos, possuem a mais alta tecnologia quanto aos quesitos de segurança digital, estariam livres de invasão cibernética? Não! Então, o que fazer? A melhor alternativa e também complementar sempre será o seguro. Reflita sobre o risco. Ele existe, existia antes mesmo de surgir a LGPD, ou seja, se não fosse probabilidade alta de ocorrer a violação de dados, sequer existiria produto com uma série de coberturas na prateleira das Seguradoras.

Deve-se encarar o seguro como um investimento e uma solução, porque ele foi criado para termos a mutualidade para que as empresas não quebrem. É uma forma de proteção e geralmente os empresários enxergam como uma despesa. Refletindo sobre os riscos, que se comentou neste livro, a qualquer momento uma empresa pode ser violada por cibercriminosos e os dados poderão ser perdidos ou violados.

Imagine as consequências terríveis e grandes prejuízos financeiros em decorrência de um ataque cibernético. Mas, se a empresa estiver coberta pelo seguro, ele será analisado de forma diferente, ou seja, torna-se uma solução; será visto como investimento, pois está protegendo o negócio da mesma forma como fazemos com um veículo zero km, ou seja, devemos zelar pelos dados de nossos clientes e dos nossos colaboradores como fazemos pelo nosso meio de locomoção.

---

29 SENADO. *Brasil é 2º no mundo em perdas por ataques cibernéticos, aponta audiência*. 05.09.2019. Disponível em: <https://www12.senado.leg.br/noticias/materias/2019/09/05/brasil-e-2o-no-mundo-em-perdas-por-ataques-ciberneticos-aponta-audiencia>. Acesso em: 24.08.2020.

Ademais, mesmo que no primeiro momento só seja possível orientar os colaboradores porque a empresa está sem fluxo de caixa, o importante é planejar e iniciar por algum ponto para implementar medidas que minimizem os riscos de invasões no futuro. O planejamento nesse momento é fundamental. E, por esse motivo, criaram-se alguns protocolos mundiais que orientam os CEOs e governos da Europa e vários países do mundo relacionados às medidas de segurança, os quais todos deverão segui-los.

Estima-se que os prejuízos nas empresas por causa de ataques cibernéticos será de 6 trilhões de dólares até o final de 2020. Em 2021 esse número crescerá ainda mais, segundo o relatório de manual de segurança cibernética Cyber-Risk Oversight 2020[30].

Dessa forma, falar de proteção de dados pessoais é o mesmo que proteger o patrimônio da empresa, entendendo a necessidade de se avaliarem as vulnerabilidades e realizarmos toda a gestão de risco necessária envolvendo todos os setores da empresa e não somente a TI. Assim é que podemos pensar na redução dessas estimativas de prejuízos.

V. AVALIANDO OS CANAIS DE RISCO NO SEU PRÓPRIO NEGÓCIO

Todos os conceitos aprendidos neste livro submetem o empresário a uma grande reflexão, seja ele o fato de a LGPD ser obrigatoriamente implementada na empresa, seja o quanto o empreendedor possui para investir na própria implementação, como também na necessidade de segurança da informação e capacitação de todo o time que atua no seu negócio. É extremamente importante que o CEO da empresa e seus diretores compreendam que essa nova lei está ligada diretamente aos direitos humanos. Portanto, ela está diretamente ligada à missão, à visão e aos valores da empresa, pois suas premissas regem a transparência, a segurança e a prevenção. Dessa forma, qualquer empresa contratará um serviço seu após avaliar se o seu negócio possui essas premissas e, tendo essa consciência, estaremos mais competitivos daqui para frente.

---

30 HELPNETSECURITY. *Handbook: Cyber-Risk Oversight 2020*. Disponível em: <https://www.helpnetsecurity.com/2020/04/20/cyber-risk-oversight-2020/>. Acesso em: 22 ago. 2020.

O Brasil teve que se adaptar e aprovar essa Lei para estar no rol de países da OCDE (Organização para Cooperação do Desenvolvimento Econômico). E por mais política que possa parecer, para as empresas brasileiras que querem fazer negócios fora do Brasil ou com empresas que são internacionais é importante fazermos parte dessa evolução. Contudo, há, na minha visão, dois grandes motivos para o surgimento de uma legislação com multas pesadíssimas como a LGPD: 1) arrecadatório. E, se vai gerar arrecadação, é porque o país tem interesse na aplicação da Lei; 2) outro motivo é porque infelizmente a Legislação é necessária porque tem aqueles que abusam. Assim, de uma forma ou de outra a LGPD vai colaborar para moralizar certos usos indiscriminados de dados. Dessa maneira, concordando ou não com a situação, nós empresários precisamos adaptar-nos antes de sermos penalizados ou acabarmos com algum dano reputacional à imagem de nosso negócio (informação verbal)[31].

Mas vamos entender por onde começar a análise de redução dos riscos na prática a partir deste capítulo, pensando no seu negócio e na implementação de mitigação de risco na sua empresa. Dessa forma, você saberia dizer onde poderiam ocorrer as brechas para uma violação cibernética na sua empresa? Quais as pontas frágeis do seu negócio? Como sua empresa está hoje quanto à capacitação para SI no seu time de colaboradores? Analise também esses mesmos critérios pensando no seu produto ou serviço.

Se a sua empresa possui departamentos bem específicos como uma área separada que cuida da tecnologia, da infraestrutura, outra área de desenvolvimento, por exemplo, como atualmente esses departamentos estão organizados quanto às senhas e aos acessos nos diversos setores? De que forma estão orientados quanto à permissão nos diversos setores da empresa, incluindo o controle de entrada física na própria empresa e seus respectivos setores etc.? Avaliando tudo que foi comentado sobre os métodos de engenharia social, você teria como visualizar quais seriam as vulnerabilidades existentes e em quais setores que poderiam ser os principais riscos de invasões cibernéticas?

A partir dos questionamentos realizados nos parágrafos acima, sugere-se que comece a mapear as possíveis pontas soltas e, a partir

---

31 PINHEIRO, Patrícia Peck. Curso EAD: *"Proteção de Dados Pessoais"*. São Paulo: agosto de 2020.

daí, coloque em prática os conceitos aprendidos nos capítulos anteriores. Reflita sobre tudo que aprendeu sobre as sanções e multas buscando as vulnerabilidades de sua empresa e quais os possíveis riscos. Agora você possui conhecimento suficiente para tomar as decisões sobre, em conjunto com seu time, aliado aos bons profissionais que tratam do tema, como definir as prioridades de proteção digital na sua empresa e tudo aquilo que estiver fora de seu alcance, os quais eu chamo de GAPS, pois é impossível estar 100% seguro em todos os departamentos por melhor que sejam os profissionais que estejam assessorando sua empresa. Então, sugiro que faça o seguro e proteja as suas pontas soltas, as suas vulnerabilidades, as quais fogem do alcance e controle até dos melhores profissionais de *cyber security*.

VI. PONTOS DE VULNERABILIDADE NAS EMPRESAS

Para entender melhor sobre esses *gaps*, vamos imergir nas vulnerabilidades.

Existem canais de riscos na empresa, os quais são os mais utilizados pelos cibercriminosos e onde ocorre a maioria dos registros de violação quando há um sinistro acionado pela apólice de seguro *cyber*. Para quem não sabe o significado de "sinistro" em seguros, é quando acontece o fato gerador da indenização de uma apólice de seguros (informação verbal)[32].

Os Canais de Riscos nas Empresas são:

1. **Um ataque por invasão de um cibercriminoso:** ou seja, o *cracker* utiliza-se de seus métodos de engenharia social e através deles entra no sistema da empresa.

2. **Fornecedores:** o ataque cibernético acontece através de algum fornecedor ou terceirizado da empresa e, nesse caso, percebemos que, por mais que a nossa empresa esteja protegida, com todas as implementações necessárias em termos de proteção digital, adequada em 100% na LGPD, com seu *compliance* perfeito, não é possível você ter o controle de

---

32 LINO, Thiago. *Curso Técnico Riscos e Seguros Cibernéticos.* São Paulo: Escola Nacional de Seguros, jun. 2019.

como está a gestão de risco nos parceiros, fornecedores ou terceirizados. Podemos implementar contratos rigorosos e com multas sobre as responsabilidades com os terceirizados, mas ainda assim continuamos desprotegidos quando o tema é a violação de dados. Isso porque, embora possamos estar protegidos juridicamente, não impedirá que ocorram danos reputacionais em virtude de vazamento de dados, já que a invasão pode não ter sido diretamente por uma vulnerabilidade em nossa empresa. Esse ponto é um dos mais frágeis atualmente nas organizações, porque não conseguimos controlar todos os nossos parceiros ou terceirizados, sendo um grande GAP de vulnerabilidade que poderá causar transtornos.

3. **Redes sociais:** quando o colaborador acessa a rede social de um computador ou celular e clica em imagens com conteúdos maliciosos, por exemplo, conectando-se involuntariamente a um vírus e infecta a rede passando o *software* malicioso para a empresa inteira.

4. **Funcionários:** como já vimos, as pessoas são os principais alvos de estratégias de invasores, os quais se utilizam das mais variadas motivações, fazendo o indivíduo cair na sua engenharia social. Quando entendemos que podemos ser alvos fáceis e prestamos um pouco de atenção antes de abrirmos qualquer *e-mail*, estaremos reduzindo os riscos de termos nossos computadores violados. Já sabemos que essa é uma das maneiras mais fáceis para promover a brecha necessária para que ocorra a invasão. Portanto, esse item merece uma atenção especial da empresa e serve de alerta para todos nós como seres humanos que somos, atentando-nos para o crescimento exponencial de golpes aplicados e às motivações dos *crackers*.

VII. MOTIVAÇÕES DO *CRACKER* RELEVANTES PARA AS EMPRESAS

Um cibercriminoso possui suas motivações pessoais para levá-lo a cometer o crime, lembrando que são indivíduos inescrupulosos, de má índole e que desejam uma vantagem geralmente financeira. Dessa forma, o roubo de informações nas empresas pode ter origens em decorrência de concorrência desleal, por exemplo. Esta é uma das motivações de violação de dados criminosa, ou seja, alguém tem interesse nessas informações e paga ao *cracker* para obtê-las. Essa é uma realidade muito comum ligada ao cibercrime e falaremos sobre os variados riscos a que as empresas estão sujeitas e que no seu cotidiano podem sequer dar-se conta deles. Daí vem a importância desses alertas aos empresários sobre o que podemos esperar e de que forma trataremos a crise cibernética se algum dia acontecer conosco.

1. Espionagem industrial: as informações dos titulares podem valer muito dinheiro, sendo geralmente extorquidas em pagamentos de resgates exigidos quase que 100% em criptomoedas como o *Bitcoin*. Mas é importante salientar que, ao contrário do que possamos imaginar, muitas vezes o criminoso já sabe exatamente quem ele vai invadir e quais as informações valem mais para a empresa alvo do *cracker*. Dessa forma, não é qualquer pessoa que é violada. O criminoso pesquisa tudo que precisa da empresa e sabe quais informações são valiosas, além de conhecer também o comportamento do colaborador escolhido como a vítima que facilmente cairá no golpe.

2. Roubo da ideia da empresa para a concorrência: cibercriminosos vendem os dados porque alguém os compra. Infelizmente sabe-se que a velha frase de que "nada se cria e tudo se copia" é realmente utilizada no mundo dos bons e dos maus negócios. Não sejamos ingênuos a pensar que existem somente pessoas boas que querem conteúdo para um bem maior, porque infelizmente no mundo do cibercrime os vilões roubam os dados das empresas e dos titulares para vender àqueles interessados em comprar. Por isso precisamos ter subterfúgios de mitigação se formos vítimas de violação por esse tipo de motivação.

3. Violação dos dados para venda ao mercado negro: estamos falando sobre a *Dark Web*, onde muitos dos dados violados podem acabar nesse mercado obscuro, onde o CPF tem seu valor e os criminosos vendem esse tipo de informação para finalidades ilícitas. É nesse ambiente que todos os conteúdos ilícitos ou bens roubados estão à venda justamente por ser um local que não é controlado, ou seja, a mesma coisa que falar em comprar ou vender no mercado negro, ou seja, em crimes digitais é a *Dark Web*.

4. Vazamento de informações: a motivação aqui se repete, porque o vazamento de dados no geral é para cometer o crime de extorsão, ou seja, o *cracker* exige um resgate, normalmente em criptomoedas pela di-

VIII. O IMPACTO NA EMPRESA VÍTIMA DE VAZAMENTO DE DADOS

ficuldade de rastreamento. Inúmeros criminosos têm feito verdadeiras fortunas extorquindo das pessoas e empresas valores gigantescos quando convertidos em reais e em outras moedas nos mais diversos crimes que ocorrem constantemente no mundo inteiro.

VIII. O IMPACTO NA EMPRESA VÍTIMA DE VAZAMENTO DE DADOS

Uma empresa pode até possuir reserva financeira para mitigação de riscos e optar por não contratar seguro, preferindo arriscar já que possui uma verba específica para cobrir possíveis prejuízos. Porém, quando tratamos de cibercrime, é importante entendermos os efeitos gerados e que podem danificar a imagem da mesma. Pode ser considerado intangível, já que não sabemos o quanto poderá propagar-se em caso de vazamento na rede. E cabe uma reflexão se haveria recursos o suficiente para suprir tamanho prejuízo financeiro.

Algumas chegam a quebrar em virtude dos danos reputacionais. Por isso é fundamental pensar sobre o futuro e a saúde financeira de empresas que preferem deixar esse *GAP* descoberto com apenas uma reserva financeira, mas com a consciência de que poderão ter exposições graves originadas em decorrência de vazamento de dados.

Pensando em prejuízos, consequentes de uma invasão cibernética, um dos fatores geradores pode ser que o *cracker* mantenha serviço da empresa fora do ar, ou seja, uma interrupção do negócio. Para exemplificar o dano, trazendo para a prática, suponhamos uma empresa que atue através de *e-commerce*, o quanto ela poderia perder em vendas pelo fato de o sistema estar fora do ar e por isso o cliente não efetiva a compra por decorrência da falha no sistema.

Percebemos como pode afetar toda a jornada do cliente? Quais as consequências desse exemplo? O cliente poderá desistir da compra e procurar o produto na concorrência. Percebe-se que a interrupção do sistema impacta diretamente no resultado do negócio. O fato de um serviço parar de funcionar, mesmo que momentaneamente, pode ocasionar na perda do cliente, na perda da exclusividade ou da fidelidade do cliente, na perda do lucro por redução nas vendas no período em que o sistema ficou interrompido dentre outros problemas, causando prejuízos financeiros e possivelmente reputacionais do ponto de vista de satisfação do cliente com a empresa.

Quando se trata de venda *online*, uma paralisação ou interrupção por um período no sistema da empresa poderá impactar diretamente no negócio. Se mudarmos a atividade exemplo para uma empresa que presta o serviço como o de uma plataforma *e-learning*, poderíamos imaginar os danos decorrentes de uma interrupção? Os prejuízos podem até mesmo ser diferentes, direcionados cada um à atividade direta do negócio, mas, ainda assim, teríamos consequências e possíveis prejuízos financeiros.

Seguindo com o segundo exemplo, da plataforma de serviços, cuja empresa supostamente desenvolve a tecnologia que outras empresas dependem dela para manterem seu negócio conectado, poderia ser um *software* de controle de temperatura, de sistema de segurança, ou até mesmo uma plataforma de treinamentos. O importante para entendermos a complexidade é pensarmos que uma empresa está diretamente relacionada ao serviço de outras empresas.

Suponha que uma invasão cibernética provoque a interrupção do negócio, levando os seus clientes à paralisação de toda uma cadeia de produtividade nas empresas. O que promoveria menos prejuízos financeiros: o pagamento de um resgate em criptomoedas para que imediatamente o serviço de alguma dessas supostas empresas voltasse a funcionar *full time*, atendendo a seus contratos e clientes; ou contratar uma equipe extra de desenvolvedores, podendo levar dias para recuperação do sistema rompido?

Estamos falando aqui de apenas hipóteses e estas podem ser das mais diversas. Porém quem sabe o quanto custa e quanto tempo levaria para trazer um sistema com alta tecnologia de desenvolvimento caso esse exemplo hipotético torne-se real é cada uma das empresas envolvidas. Dessa forma, veremos que pode não ser tão surreal o que estamos trazendo para esta reflexão.

Ainda nesse mesmo exemplo, imaginamos que o pedido de resgate foi de 3000 *Bitcoins* para o sistema voltar a funcionar. Isso pode ser a falência para algumas ou um valor que outras consigam pagar, dependendo do faturamento e da reserva financeira de cada uma. Mas devemos associar aos exemplos o gerenciamento da resposta a incidentes, tanto na empresa que teve seu sistema violado, como também nos seus clientes, pensando na produtividade de todos os que possam ser impactados e envolvidos no processo.

Percebe-se que um problema poderá gerar outro problema e assim uma sucessão de transtornos dos mais diversos poderão ocorrer dependendo do negócio e atividade de cada uma das partes envolvidas. Podemos pensar que é muito simples resolver tudo isso. Mas, se for um dano que envolve o desenvolvimento do *software*, a interrupção causando uma ruptura ou falha no sistema poderia não ser tão rápida ou simples de voltar com os serviços prestados e, a partir disso, melhor ter dinheiro em caixa e pagar o resgate ao cibercriminoso, pois o custo para resolver o problema poderá ser menor do que a decisão do prejuízo financeiro ou menor que o tempo de recuperação do próprio sistema que foi violado.

Todos os problemas podem ficar ainda maiores se a informação de violação vazar no mercado e, além de possivelmente perder os clientes insatisfeitos, a empresa poderia sofrer um dano reputacional, elevando ainda mais os possíveis riscos, ter prejuízos e ter que investir em recuperação da sua imagem e credibilidade no mercado em que atua.

Outro fator que se deve analisar é se ela teria o dinheiro sem impactar no seu fluxo de caixa para pagar o resgate de 3000 *Bitcoins*, do nosso exemplo fictício, ou seja, impactará no lucro da empresa, mesmo que ela tenha o dinheiro disponível, e certamente ainda terão ações de resposta a incidentes, que possivelmente precisarão lidar com diversos fatores em paralelo e ainda que investir em tempo e em profissionais para resolvê-los, exigindo especialistas gabaritados para conseguir resolver a questão com maestria para não tornar os prejuízos intangíveis. Será que temos em nossas empresas equipes preparadas para administrar com agilidade as respostas que gerenciem os incidentes habilmente e aptas a tomarem decisões assertivas para estancar a raiz do problema? Sabe-se que as medidas tomadas nas primeiras horas são fundamentais para evitar aumento dos danos em caso de ataque cibernético.

Além dos serviços prejudicados em consequência da paralisação de um sistema, provavelmente haverá a perda na lucratividade devido à baixa da produtividade; assim como possíveis perdas de novos contratos e até mesmo dos que estiverem em andamento. E até que se resolvam todos os impactos pode levar tempo suficiente para outros danos e consequências. Você consegue visualizar os prejuízos decorrentes?

Um detalhe importante quando ocorre uma ciberinvasão: a empresa possivelmente precisará contratar uma perícia forense e administrativa para descobrir a fonte inicial da invasão, ou seja, é necessário que saiba se a violação foi facilitada internamente por algum colaborador e se ele realmente foi uma vítima de algum tipo de engenharia social, permitindo a entrada do *cracker* no sistema; ou se a paralisação da empresa que usamos como exemplo aconteceu porque foi boicotada por concorrência desleal. Ou seja, a organização precisa saber o ponto inicial da invasão e descobrir qual GAP permitiu esse desastre, lembrando que essas perícias também custam dinheiro e não é pouco.

Destaca-se o fato de que a cada empresa envolvida, fornecedores, parceiros e clientes poderão ter suas próprias consequências e inúmeros prejuízos. O cibercriminoso invadindo a plataforma *e-learning* ou qualquer um dos exemplos citados, poderia acessar as empresas inter-relacionadas, fomentando uma cadeia interligada de danos com os mais diversos prejuízos como danos reputacionais, lucros cessantes pela falta de entrega de um produto ou serviço, crime de extorsão, paralisação ou ruptura de outros sistemas. Então, uma série de consequências ocasionando danos e prejuízos não somente para onde se originou a invasão, mas para todas as empresas que estão conectadas à ela.

Poderíamos seguir nesses mesmos exemplos com qualquer atividade empresarial ou dos nossos fornecedores, já que sabemos que qualquer uma das empresas existentes no Brasil pode sofrer um *cyber attack*.

Imagine outro segmento de negócio, com mais um exemplo fictício, mas que é bem preocupante e pode ter danos irreversíveis, como a violação de dados em uma cooperativa de crédito ou instituição bancária.

O cliente, sabendo da ocorrência de vazamento de dados nesse exemplo, manteria sua conta corrente em um banco que tenha os seus dados violados? Se resolvermos pesquisar sobre esse exemplo, encontraremos instituições conhecidas que já passaram por situações similares no Brasil. Imagine hipoteticamente que nesse exemplo o *cracker* roubasse os seus dados bancários, realizando uma evasão de dinheiro da sua conta corrente. Como você sentir-se-ia quanto à segurança e credibilidade da instituição bancária? Você manteria seu dinheiro nessa agência?

Dificilmente o cidadão que passa por tal experiência manteria sua conta aberta nessa instituição, ou possivelmente ela perderia alguns de seus clientes mesmo conseguindo contornar todos os transtornos causados aos correntistas. Imaginemos a dor de cabeça das vítimas até que a pessoa descubra que houve a invasão. Certamente já aconteceram alguns prejuízos financeiros, haveria transtorno para identificar e comprovar os valores que foram desviados pelos criminosos, formalização da reclamação e por aí já se vão algumas horas ou até mesmo dias de transtornos e perda de tempo do indivíduo juntamente com a instituição. Imagine o tamanho desgaste das partes envolvidas!

Apagar a imagem negativa de uma violação pode ser muito complexo. Gera inseguranças quanto à credibilidade e aos sistemas protecionais em qualquer empresa, por mais renomada que seja, afetando a imagem de qualquer negócio e muitas vezes esses danos podem ser irreparáveis. As falhas de segurança de informação, ruptura de *softwares* e outras indisponibilidades de sistemas podem causar prejuízos desde a reputação da mesma como danos financeiros. Aconselho fazer uma rápida busca na *Internet* que serão encontrados diversos casos similares na vida real e também na ficção em séries e filmes policiais envolvendo *cyber attacks*. O importante é que tenhamos em mente que tudo que falamos sobre cibersegurança e os seus riscos não são um mito. Os cibercriminosos existem e, por mais proteção que tenhamos em SI na empresa, jamais ela estará totalmente segura.

Porém sabemos também que temos duas maneiras extremamente importantes e seguras de protegermos o nosso negócio: a) capacitando a equipe; e b) contratando uma apólice de seguros.

É interessante assistir ao filme "Invasores – Nenhum sistema está salvo", de 2014, que retrata um pouco sobre como pensam e trabalham os cibercriminosos, assim pode-se aprender mais sobre o tema utilizando-se da ficção[33].

Conforme dito no capítulo 1 do tema mitigação de riscos, é possível ter acesso a alguns gráficos e exemplos das multas relacionadas às atividades no site www.enforcementtracker.com, onde se pode analisar *cases* reais e as multas aplicadas como referência do que acontece na UE para

---

33 Invasores: nenhum sistema está salvo. *Who Am I - Kein System ist sicher* (título original) Direção: Baran bo Odar. Intérpretes: Tom Schilling, Elyas M'Barek, Wotan Wilke Möhring. Roteiro: Jantje Friese. Alemanha: 2014. 102min.

empresas que não se adequam à Lei. Interessante observar o que acontece quando há inconformidades quando se trata do tema *cyber risks*.

Falando principalmente das empresas do Brasil, onde muitas não possuem recursos financeiros para implementar métodos de segurança de informação, onde temos diversos colaboradores que trabalham em casa, temos observado um crescente aumento nos ataques cibernéticos, considerando nosso país o segundo maior em riscos no mundo. Se pensarmos apenas na área de RH das empresas, os riscos triplicam, tendo em vista o que já se comentou sobre as rotinas e orientações dos colaboradores. Dessa forma, é importante alertar o setor de gestão de pessoas sobre o ambiente de trabalho e os cuidados dos seus profissionais, principalmente nos ambientes em que não se consegue controlar 100%, ou seja, os que se encontram em *home office* possuem certas situações como alguns pais terem que emprestar computadores e celulares aos filhos para que realizem as atividades escolares, agravando ainda mais os riscos de invasões cibernéticas, pois a metodologia da engenharia social é utilizada justamente nas situações de pressão e descuido, isto é, o ambiente que é flexível para as empresas é o local ideal para a prática desses criminosos.

Segundo a Kaspersky[34], o Brasil passa a líder em porcentagem de invasões no mundo, sendo elevados os ataques por *ransomware* no meio empresarial. E boa parte desse aumento, cerca de 124% dos ataques que chegam nas empresas, vem através de *phishing* por conta do *home office* e proteções inadequadas no atual ambiente de trabalho, como senhas fracas, uso de *softwares* piratas e maus hábitos dos brasileiros. Isso infelizmente conta para que o Brasil se posicione como um dos maiores atacados no mundo do crime digital.

A transformação digital, a modernização e flexibilização nas empresas devem estimular o empresário a buscar uma maior gestão de risco, aproveitando a evolução do negócio para melhorá-la ou implementá-la. Muitas acabam deixando essas implementações em algumas áreas como o jurídico ou TI. Mas se equivocam ao pensar que somente esses setores organizados estarão protegidos, sendo que pudemos demonstrar as vulnerabilidades que podem surgir

---

34 RODRIGUES, Renato. *Brasil é líder em empresas atacadas por ransomware na epidemia.* Disponível em: <https://www.kaspersky.com.br/blog/empresa-brasil-ransomware-pandemia/15527/>. Acesso em: 24.08.2020.

através dos colaboradores, um dos setores de maior risco, de responsabilidade do RH, onde as pessoas precisam ser informadas sobre as vulnerabilidades existentes.

Comparando um pouco as pequenas empresas com as grandes, quanto às vulnerabilidades, encontramos um risco ainda maior nas pequenas, principalmente pelo equívoco do empreendedor acreditar que os ataques cibernéticos acontecem somente em grandes corporações. É um erro grave acreditar nisso, pois geralmente as grandes empresas possuem pequenos fornecedores e os criminosos, sabendo disso, usam-se das vulnerabilidades encontradas nos pequenos que variam desde pouca segurança de informação até mesmo à falta de conhecimento e capacitação de equipe quanto ao tema para acessarem as grandes.

E como os grandes podem proteger-se nesse sentido? Mesmo com um bom jurídico, incluindo cláusulas contratuais e multas enormes para que os empreendedores pequenos sejam responsabilizados por suas falhas, diria que mais interessante que um contrato com grandes multas é aliar a ele também uma boa apólice de seguro para que os seus fornecedores tenham capacidade de pagamento através de indenizações de ao menos uma fatia dos prejuízos, pois as multas podem quebrar os pequenos negócios.

A melhor estratégia de proteção é transformar seu negócio protegendo os *GAPS* de todos os envolvidos, como uma teia com todas as pontas interligadas, intermediadas sempre por especialistas no segmento do seguro. Salienta-se a importância da escolha de profissionais que entendam desses contratos, os quais não aconselho fazê-los através de tabelas prontas; afinal, cada negócio tem sua particularidade, a qual deverá ser entendida pelo corretor de seguros para que o mesmo leve ao subscritor de risco o maior número de detalhes do negócio e faça uma apólice sob medida específica para evitar prejuízos ainda maiores no futuro.

Existem mecanismos de segurança básicos que podemos utilizar, principalmente quando pensamos nas formas de orientar nossos colaboradores, os quais reduzem os riscos de vazamento de dados. Porém não inventaram ainda uma proteção que deixará a empresa totalmente ilesa; e sinceramente penso que jamais existirá, tendo em vista que os mecanismos de segurança evoluem, mas os *crackers* também. Portanto, enquanto os *hackers* desenvolvem maneiras de segurança e testam as falhas para aumentarem as proteções dos sistemas, os *crackers* atuam no lado oposto, desenvolvendo e buscando brechas para invadir ainda mais facilmente e obter a violação de dados. Algumas das medidas listadas a seguir ajudam a aumentar sua proteção, mas se sabe que não eliminam o risco por completo, deixando ainda aquelas brechas que mencionamos a todo momento nesta obra, mas vamos à lista:

A empresa:

» Uso de senhas rigorosas;

» Política de *backup*;

» Política de privacidade;

» Política de confidencialidade;

» Criptografia;

» Assinatura e certificado digital;

» Controle de acesso;

» Antivírus;

» Registros de eventos.

O indivíduo:

» Use senhas complexas e diferentes;

» Se possível, opte por no mínimo dois fatores de autenticação de senhas;

» Troque as senhas periodicamente e evite compartilhá-las;

» Não abra qualquer *e-mail* e desconfie de promoções muito atrativas;

» Jamais comente sobre informações sensíveis, sejam suas sejam sobre a empresa;

» Tenha calma. Geralmente, quando estamos com pressa, aumentamos o risco de cairmos nas iscas lançadas pelos *crackers*.

IX. FALANDO SOBRE A MITIGAÇÃO DO RISCO CIBERNÉTICO

Observe a evolução cronológica na figura abaixo. Para entender o comportamento dos riscos de ataques cibernéticos, veja que muito antes da LGPD no Brasil, as invasões já existiam, como temos mencionado nos capítulos anteriores. Ainda na figura podemos verificar sobre a projeção de prejuízos e a tendência de aumentar exponencialmente independentemente de medidas de proteção digital nas empresas ao observarmos os valores previstos para o ano de 2021. Concluímos, portanto, que jamais teremos uma empresa 100% segura tendo em vista que os riscos também evoluem com o tempo.

Fonte: Tiago Lino[35].

Em 2012, o seguro passou a ser comercializado no Brasil, como mostra a figura. Foi quando liberou-se o produto para a comercialização através de corretores de seguros, mas nessa época as empresas não tinham tanto interesse pelo produto e se acreditava que o maior investimento em segurança estava na implementação de mecanismos voltados à tecnologia da informação no setor e que basicamente a área

---

35 LINO, Tiago. *Curso Técnico: Riscos e Seguros Cibernéticos*. São Paulo: Escola Nacional de Seguros, jun. 2019.

de TI das empresas era a principal solução de mitigação de riscos, sendo o que se esperava de melhor quanto à proteção digital nas empresas.

Porém, atualmente, sabe-se da importância de introduzirmos a cultura do seguro nas empresas, mostrando a sua eficácia na mitigação dos riscos pelas características de suas coberturas e as possibilidades de indenização das mais diversas aliados aos aspectos que preocupam as empresas quando se fala em LGPD, assim como alertando a todos sobre os riscos ligados ao cibercrime. É indispensável que se contrate um seguro que mantenha a empresa protegida, zelando pela sua estabilidade financeira. Por isso compartilham-se informações para os gestores de grandes ou pequenas empresas.

Para que consigamos realmente implementar a cultura da importância do seguro no Brasil, é necessário entender sua relevância a ponto de o indivíduo pensar nele como um investimento essencial. Este continua sendo um grande desafio aos corretores de seguros, pois, mesmo com tantas notícias de empresas que vão até à falência por causa do risco cibernético, ainda se encontra resistência por parte das empresas em investir na contratação do seguro.

E algumas percepções que tenho e que gostaria de chamar a atenção é que equivocadamente as empresas preocupam-se mais em estarem aptas para cumprir exigências que lhes são impostas e estão canalizando seus esforços para investir na adequação da LGPD por cumprimentos contratuais com seus clientes ou fornecedores. Mas fica o alerta para que esse *GAP* seja alinhado internamente na sua empresa e inclua em paralelo a proteção do seu negócio.

Utilizar uma apólice de seguro *cyber,* também como uma das garantias que a empresa possui para conseguir honrar seus contratos, pois, mesmo sofrendo uma invasão, terá a garantia de continuidade do negócio, assim como todo o amparo através de uma equipe preparada para a resposta do incidente e gerenciar a crise; portanto, é investimento e não custo na organização.

As empresas que estão nos seus moldes de excelência já implementaram no seu fluxo e gestão financeira apólices de seguros como investimento em segurança do negócio. Muitas empresas adquiriram apólice para essa finalidade muito antes da LGPD entrar em vigor, simplesmente porque compreenderam a importância da proteção digital e optaram por manter seu negócio seguro, além da responsabilidade para com a segurança da informação dos próprios clientes. Empresas com essa visão merecem ser enaltecidas, tendo em vista que iniciaram seu processo de adequação à LGPD também com antecedência, colocando esses itens em seu fluxo de gestão, amplamente discutido com a alta cúpula da empresa e desenvolvendo todos os seus colaboradores quanto aos riscos cibernéticos e sobre a própria relevância da Lei.

Muitas empresas já têm comportamentos de alta consciência quando se trata da gestão de riscos cibernéticos. É muito importante que todas as organizações adotem essa visão de maior conscientização para que possamos reduzir os danos e os prejuízos das estatísticas, fortalecendo toda a economia através dos cuidados com a mitigação de riscos cibernéticos para a redução até mesmo dos custos que as empresas têm, já que, para o próprio seguro, quanto maior for a contratação e maior os cuidados, menores serão os riscos de empresas fechando por prejuízos mal calculados, ou seja, toda a economia gira positivamente quando as empresas crescem e estancam suas perdas financeiras.

A contratação de seguros é uma questão ainda cultural. Devemos vê-la como um investimento e boa prática, tendo a consciência de que uma apólice de proteção digital é uma ferramenta de diferencial competitivo.

Acrescentaria uma sugestão para as empresas que buscam por investidores que, inclusive, ao participar de cursos com profissionais renomados sobre a Lei, comentam que a existência da apólice de seguro cibernético é vista com bons olhos para alguns investidores em função da redução dos riscos que promove ao negócio: recomenda-se a contratação inclusive para as *startups*, já que o próprio segmento de tecnologia deveria estar amplamente amparado no que tange à segurança digital do negócio, além de todas as responsabilidades sobre os dados dos titulares, já que as empresas de tecnologia têm o seu próprio negócio em risco com uma possível paralisação, caso sejam acometidas por uma invasão.

Lembramos que qualquer atividade possui o risco de vazamento de dados, seja ela industrial, do ramo de construção, empresa advocatícia, contabilidade e por aí vem um grande número de atividades que pode ter problemas com vazamento de dados; portanto, a recomendação é que coloque no seu planejamento financeiro e faça um orçamento de quanto custa a proteção do seu negócio. Se é desconhecida essa modalidade de seguro, faz-se a sugestão para que se busquem informações através de uma consultoria especializada, tendo em vista a complexidade e o conhecimento exigido do profissional. Embora existam mais de 100 mil profissionais do segmento de corretagem, assim como médicos e advogados, procure sempre especialistas nesse segmento e faça desse profissional o seu parceiro, pois fazer leilão de preço nesse ramo de seguros não ajuda a empresa; ao contrário, atrapalha as negociações dos orçamentos.

Abriremos um parêntese para explicar como funciona na prática para que sua empresa obtenha os melhores resultados em termos de custos e coberturas quando for avaliar a contratação desse tipo de apólice.

Um seguro de responsabilidade civil cibernética é um ramo muito restrito, exigindo conhecimentos específicos. Exige entender de tecnologia e dos tipos de *gaps* que sua empresa pode ter, ou seja, pede desse profissional muita capacitação, pois um corretor de seguros não precisa ter qualquer graduação, mas conhecimentos específicos, ele os necessita para compreender como auxiliar o segurado para a contratação adequada ao risco e atividade. Sendo assim, o ideal é optar por apenas uma corretora de seguros e é esta empresa que irá apresentar-lhe todas as possibilidades e seguradoras do mercado, como também os resultados dos melhores custos x benefícios relacionados a coberturas adequadas e aos melhores preços do seguro.

Entendendo a aplicabilidade de como funcionam os orçamentos desse segmento no mercado segurador, pode-se analisar rapidamente sobre como estão os contratos de seguros no mundo. Considerando que sua empresa possa atender internacionalmente, é importante conhecer como os outros países veem as apólices aliando esse conhecimento a uma vantagem competitiva com relação aos seus concorrentes, os quais possivelmente desconhecem sua relevância.

Em 2019, o percentual das apólices de seguros negociadas no mundo era distribuído da seguinte forma: 90% dos seguros estão contratados nos Estados Unidos. Podemos observar a questão cultural explícita nesse percentual, já que o comportamento dos norte-americanos é nesse nível para praticamente todos os segmentos de seguros, não somente para o ramo cibernético[36].

Em visita a uma *startup* de tecnologia do Vale do Silício[37], questionei sobre a relevância do seguro cibernético. A resposta foi a seguinte: "Aqui não imaginamos um negócio sem seguro. Temos todos os seguros possíveis para proteger nossa empresa. Não existe a possibilidade de não os fazer." Percebemos na resposta dele que a pergunta era desnecessária porque para as companhias americanas era óbvio que deveria ter seguro de tudo. Observa-se que em alguns lugares do mundo a cultura sobre o seguro é bem superior ao que experimentamos cotidianamente.

No Brasil observa-se que o seguro é feito somente quando exigido contratualmente; contudo, o empresário deveria preocupar-se com a continuidade do seu negócio e com o quanto é mais barato proteger-se com apólices bem desenhadas. Vemos muitas empresas procurando os produtos pelo preço e com profissionais não especializados, considerando muitas vezes somente o seu relacionamento com esses profissionais. Isso acaba expondo as organizações ao risco em vez de mitigá-lo. Por conta disso, há diversos orçamentos não concretizados deixados para um segundo plano. Dessa forma, o negócio continuará vulnerável.

Na Europa o número de contratos de seguros beirava os 8%, até meados de 2019[38], mas vem crescendo consideravelmente após a implementação da GDPR. Fica claro que esse crescimento vem surgindo

---

36 LINO, Tiago. *Curso Técnico Riscos e Seguros Cibernéticos.* São Paulo: Escola Nacional de Seguros, jun. 2019.

37 Em outubro de 2019 visitei o Vale do Silício e confesso que saí daquela visita realizada. Nos EUA pude entender que tanto as pessoas como as empresas contratam seguros sem precisar que ofereçam o produto; já está no cotidiano das empresas. Já na nossa cultura, levam-se meses para algumas empresas avaliarem sobre a contratação ou não de uma apólice. Um exemplo interessante de que tudo que falamos até o momento, totalmente voltado ao *cyber risks*, está bem exemplificado pela falência da empresa norte-americana de recuperação de crédito a qual se deparou com vazamento de dados de dois de seus maiores clientes e teve que decretar falência. Ou seja, os empreendedores no Brasil ainda não conseguem visualizar que tal risco é possível; nossa tendência cultural é pensarmos que só acontece com o vizinho.

38 LINO, Tiago. *Curso Técnico Riscos e Seguros Cibernéticos.* São Paulo: Escola Nacional de Seguros, jun. 2019.

pela dor das multas e sanções as quais têm crescido após a implementação da legislação Europeia.

Podemos escolher crescer culturalmente a exemplo do que ocorre nos EUA ou esperarmos a dor como tem acontecido na Europa. A decisão é de cada um. Mas cabe um alerta sobre as análises dos riscos na contratação do seguro, pois cada empresa é avaliada de acordo com sua realidade e segurança, assim como pela maturidade da mesma quanto à adequação à LGPD. Ou seja, a seguradora possui questionários específicos com perguntas bem detalhadas sobre a realidade de cada atividade e, a partir dessas informações, é que o seguro é aceito ou recusado, bem como sua precificação.

Portanto, não aconselharia a empresa a esperar sofrer um ataque cibernético para tentar contratar o seguro, já que a seguradora comprará essa transferência do risco e consequentemente irá indenizar os prejuízos que porventura surgirem. Dessa forma, quanto maiores as vulnerabilidades, maior será a taxa e menor a aceitação do risco.

Mas, visto como se encontram os seguros nos EUA e Europa, qual o percentual de apólices no Brasil e restante do mundo?

Temos cerca de 0,1% de apólices contratadas no Brasil e 2% no restante do mundo[39], comparando a mesma fonte pesquisada em 2019. Embora esses percentuais venham aumentando, percebe-se o quanto o crescimento ainda é pequeno, se comparado ao número de incidentes.

Quando avaliamos uma seguradora que não tinha nada de prêmio emitido e agora tem 100 mil em apólices, o mercado fala que cresceu 100%, mas veja é 100% de nada. Dessa forma não nos deixemos enganar pelos números apresentados por aí! Ainda estamos muito aquém do que deveríamos em termos de proteção e mitigação de riscos cibernéticos no Brasil por dois motivos: 1) não temos um número de especialistas oferecendo às empresas essa solução e são esses os profissionais que têm o papel de disseminar a importância do seguro; 2) as próprias empresas que ainda não veem o seguro como investimento em segurança da continuidade do seu próprio negócio.

---

39 LINO, Tiago. *Curso Técnico: Riscos e Seguros Cibernéticos.* Escola Nacional de Seguros. Junho de 2019.

Vamos entender por que a apólice é responsável por redução de perdas financeiras, fazendo uma simples analogia. Vejamos como o caixa da empresa é preservado com a aquisição de uma apólice. Imagine que a mesma precisaria investir uma quantia de R$ 50.000,00 em segurança e adequação à LGPD. Nesse exemplo hipotético suponhamos que ela possui apenas 50% desse valor em caixa para aplicar nesses dois tópicos extremamente necessários. A empresa com 50% do valor do investimento não supriria as necessidades em SI tampouco contemplaria as necessidades ligadas à adequação, correto?

A sugestão é utilizar o seguro para cobrir esses *GAPS*. Complete o seu círculo de proteção por meio de uma apólice e se proteja das vulnerabilidades, implementando o que é possível em termos de investimento e se protegendo ano a ano de acordo com suas possibilidades financeiras.

Analisando ainda com o mesmo exemplo, suponhamos que o percentual de vulnerabilidades que a empresa não consegue proteger no momento representaria 5 milhões de reais. Nesse caso, você deverá contratar uma apólice ampla com todas as necessidades de proteção e mitigação de riscos e um limite de no mínimo 5 milhões de garantia segurada. No momento de orçamento, deve-se analisar suas coberturas e distribuir os riscos percentualmente alinhando suas necessidades de proteção de acordo com o seu risco.

Percebemos com o exemplo uma redução do impacto financeiro no caixa da empresa, pois as apólices custam muito menos do que imaginamos, sendo que com planejamento financeiro, organização e previsão orçamentária o valor de investimento com seguro será muito menor do que correr o risco e deixarmos a empresa à mercê da sorte.

Para entendermos de fato como o seguro pode reduzir possíveis prejuízos nas empresas, é importante compreendermos quais são as possíveis coberturas existentes, as quais mencionaremos de forma bem generalizada, tendo em vista as diferentes seguradoras que possuem o produto, cada uma com suas peculiaridades, mas que todos estão na mesma regulamentação, o qual é denominado pela SUSEP (Superintendência de Seguros Privados, órgão regulador dos seguros no Brasil)[40]. Por esse motivo, é in-

---

40 BRASIL. CIRCULAR nº 579, de 13 de novembro de 2018. Disponível em: <https://www.

viabilizada a contratação de uma apólice que "cubra tudo em um único produto", na SUSEP a regulamentadora de cada produto, o seguro cibernético é determinado pelo RAMO 327 onde na circular inclui no grupo 03 o ramo 27, identificado como ramo 327 pelos corretores e seguradoras.

CIRCULAR Nº 579, DE 13 DE NOVEMBRO DE 2018

Altera a Circular Susep n.º 535, de 28 de abril de 2016.

O SUPERINTENDENTE SUBSTITUTO DA SUPERINTENDÊNCIA DE SEGUROS PRIVADOS - SUSEP, no uso das atribuições que lhe confere o artigo 36, alínea "b", do Decreto-Lei n.º 73, de 21 de novembro de 1966, considerando o disposto no artigo 34, inciso II, do Decreto n.º 60.459, de 13 de março de 1967, e o que consta do Processo Susep nº 15414.606006/2018-38, resolve,

Art. 1º Incluir no Grupo 03 (Responsabilidades) do Anexo I da Circular Susep nº 535/2016, o ramo 27 (Compreensivo Riscos Cibernéticos).

A partir dessa informação, entende-se que cada produto de seguros possui sua própria regulamentação. Portanto, importante lembrar desse fato e, ao conversar com o corretor de seguros, questioná-lo ao máximo para que o profissional forneça quais companhias seguradoras atendem a essa modalidade, quais são os diferenciais relacionados aos limites de aceitação, franquias e percentuais de indenização de cada uma das seguradoras, pois são empresas distintas, e assim é possível compreender que cada uma possui seu produto com suas peculiaridades, além de

in.gov.br/materia/-/asset_publisher/Kujrw0TZC2Mb/content/id/50482106/do1-2018-11-16-circular-n-579-de-13-de-novembro-de-2018-50481886>. Acesso em: 24.08.2020.

debater sempre com a corretora sobre quais as possíveis vulnerabilidades na sua empresa.

São inúmeras as ocasiões em que me reúno com diretores de grandes empresas dos mais diversos setores e, independente de terem uma excelente equipe de profissionais, elas desconhecem modalidades de seguros que poderiam reduzir seus custos. Felizmente, alguns profissionais, como consultores e advogados, têm feito um importante papel de conscientização de seus clientes. São eles que muitas vezes nos procuram buscando essas soluções às empresas.

O empresário não precisa preocupar-se em entender sobre seguros, mas deve saber que existem opções e garantias que abrangem situações como a quebra de confidencialidade, violações de diversos gêneros, as quais resultam em responsabilidade civil reclamada por terceiros; assim como o comprometimento da rede da empresa quando pensamos em serviços de tecnologias e algumas das possíveis falhas relacionadas aos serviços prestados ao seu cliente podem ser coberturas encontradas nas apólices, as quais traremos ao seu conhecimento através de alguns exemplos a seguir. Dessa maneira, o empresário terá condições de conversar com a corretora de seguros, especialista na modalidade, para que juntas adequem o melhor seguro para cada situação.

Na figura a seguir pretende-se demonstrar um ataque de um *cracker* em uma empresa e imaginando uma linha do tempo entendendo o ataque e sequência de possíveis danos, facilitando o entendimento do cenário de uma invasão cibernética até as últimas consequências, que é uma ação judicial, finalizando com os pagamentos de indenizações. Salientamos que as coberturas abrangem muito mais do que demonstra a figura, lembrando que cada atividade poderá apresentar situações distintas, envolvendo pessoas infinitamente diferentes e diversas consequências, podendo ou não ocasionar indenizações volumosas. Dessa forma, convido você a olhar para esta figura imaginado a situação, o que poderia acontecer se a empresa invadida fosse a sua:

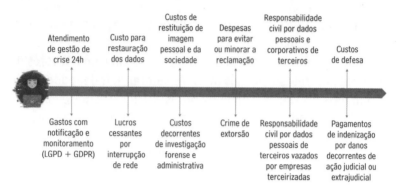

Fonte: E-book Drala e NV Seguros[41].

Supondo que a empresa que traremos nesse exemplo já possui seguro, no caso ela contempla uma apólice ampla que possui um serviço de resposta a incidentes 24 horas para ajudá-la desde o primeiro momento, quando ela identifica que alguma coisa está errada e que ela pode estar sofrendo um ataque cibernético. O que ela faz?

1. Liga para o telefone disponibilizado pela seguradora e também para a corretora de seguros para as orientações iniciais, com isso terá um suporte especializado para o atendimento de gestão de crise, também chamado de resposta a incidentes ou outra denominação que a seguradora poderá ter como cobertura. Esta poderá ou não fornecer esse serviço por meio de empresas parceiras que assessoram na resposta imediata ao incidente. Nesse caso, o segurado terá uma linha direta com esse especialista e o seu papel está diretamente ligado à equipe de gestão de crise da empresa para que sejam tomadas as primeiras providências e mais urgentes nas primeiras horas da invasão, as quais são cruciais para redução dos danos.

O acompanhamento do processo e as orientações das ações a serem tomadas pela empresa terão orientação em toda a sequência no processo de sinistro. Para isso, é importante que o corretor seja especialista,

---

41 ALMEIDA, Dionice de. *Noções de Engenharia Social e Riscos Cibernéticos*. Disponível em: <https://drive.google.com/file/d/11M92zyV2bRNGRNFZVa1xD-fJ-YCPv0x1/view?usp=sharing>. Acesso em: 20 ago. 2020.

tendo o canal direto de relacionamento com a seguradora, pois certamente esse fato ajudará muito na agilidade das ações e liberações no processo como um todo, que acontecerão na sequência.

2. Gastos com notificação e monitoramento: exigidos na LGDP e também na GDPR, são extremamente importantes, considerando que a nossa legislação exige que façamos a notificação a cada titular com dados violados assim como para a ANPD. Tudo nesse caso é custo. Nesse item fica uma atenção especial às empresas que possuem negociações internacionais: é importante garantir que abrangência geográfica da sua apólice garante essa indenização englobando os seus locais de atendimento. Existem alguns países cujas legislações são muito complexas e independentes, os quais constam como riscos excluídos e você deve saber que seguro é bem específico como já mencionamos.

A maioria das apólices possui essa cobertura, tanto para LGPD como para GDPR, como também custos de procedimentos regulatórios, mas é sempre necessário confirmar com a corretora de seguros antes do fechamento do contrato. Essa cobertura garante o pagamento dos custos de notificação e o monitoramento dos dados dos titulares vítimas de violação ou vazamento.

Quando se menciona monitoramento: toda violação pode gerar consequências com os dados dos titulares que foram violados. Muitos desses dados acabam sendo utilizados para criação de cartões de créditos falsos usados pelos criminosos para saques dentre outros golpes. A cobertura serve como um rastreamento das informações dos titulares que tiveram suas informações roubadas, nesse caso algumas seguradoras denominam de custos de monitoramento de crédito.

Houve um sinistro indenizado aqui no Brasil que foi descoberto justamente pelo uso dos cartões de créditos que foram vazados em uma pizzaria em São Paulo. A empresa de monitoramento dos cartões de crédito identificou o uso indevido dos cartões dos clientes dessa empresa que teve o incidente.

Muitas vezes é difícil imaginarmos a ação de um cibercriminoso com alguns dados de titulares, mas podemos ter certeza de que eles precisam de poucas informações para se utilizarem deles indevidamente; portanto, a cobertura é extremamente importante e necessária, pois os custos de monitorar e notificar cada pessoa podem tornar-se um grande prejuízo.

3. Custos com a restauração de dados, também chamados de reposição por perda de dados ou outras nomenclaturas dentre as seguradoras: é uma cobertura muito importante para empresas que possuem desenvolvimento de *software*, sendo que, se ocorrerem rupturas nele ou até mesmo em outras atividades, a perda de um *backup*, por exemplo, poderia ser crucial para o atendimento do cliente. Vou dar um exemplo muito comum e que foi indenizado por uma das seguradoras que oferecem o produto no Brasil, a qual muitas vezes nem associamos a risco cibernético.

Imagine uma dissolução societária onde um dos sócios sai da empresa com muito conflito e simplesmente decide deletar todo o *backup* e apagar o sistema de CRM, o quanto poderia gerar de prejuízos a perda da relação dos clientes ativos e principalmente se a empresa precisar de relação dos vencimentos dos contratos? Pensando em corretoras de seguros, que precisam saber sobre as vigências e coberturas das apólices, pode-se imaginar o desgaste no atendimento de clientes que possam precisar de assistência 24 horas, por exemplo.

Além desse exemplo, temos *cases* de empresas que tiveram seu *backup* violado e danificado por sócios que saíram descontentes e também por funcionários demitidos, ou seja, pensamos muitas vezes que somente o cibercriminoso pode danificar nossa imagem, mas também é necessário lembrar que colaboradores e a concorrência desleal fazem parte do contexto empresarial. Estamos falando de indivíduos que cometem atitudes ilícitas, de má-fé, violação indevida. E, certamente após esta leitura, espera-se maior atenção tendo exemplos reais para estarmos atentos sobre situações que sequer imaginamos que possam ocorrer, mas que fica o alerta de fatos duros, mas reais, os quais podem acontecer inesperadamente.

4. Lucros cessantes por interrupção do negócio ou comprometimento da rede: já mencionamos alguns exemplos dessa cobertura quando exemplificamos em outra ocasião quando falamos de um *e-commerce* mencionando a possível perda de vendas em decorrência de uma violação interrompendo o fluxo da venda *on line*. Temos um exemplo de um grande sinistro indenizado na América Latina, quando uma grande rede varejista ficou sem vender seus produtos pela *Internet* em um feriado. Esperavam-se grandes vendas no período, já que as pessoas tendem a comprar produtos pela *Internet* nos momentos de folga. No caso da varejista, houve perda de vendas, por consequência, a perda do lucro, ocasionados pela paralisação dos sistemas por conta da interrupção da rede, ocasionando uma indenização de alguns milhões referentes às perdas de faturamento esperado no feriado.

Nesse exemplo, imaginando uma paralisação do seu negócio, isso teria impacto nas suas vendas ou no seu processo de produção a ponto de impactar em perdas financeiras? Utilize o exemplo e reflita sobre o seu próprio negócio. Se for importante essa cobertura, avalie ao contratar o seguro no rol de coberturas oferecidas se ela está contemplada ou não. Por esse motivo, a importância sobre como funcionam esses contratos. É fundamental entender quais são as garantias indenizadas e quais não serão contempladas pela sua apólice e assim evitar frustrações e falsas expectativas no momento da indenização.

Um bom exemplo de dano que afetou a produção e, consequentemente, os lucros da empresa foi a paralisação global da Honda[42] causada pelo ataque que atingiu os servidores internos da empresa, afetando diretamente na sua produtividade, ou seja, uma montadora de veículos para totalmente sua produção em vários países do mundo, inclusive no Brasil. Esses exemplos são uma grande amostra de que o seguro pode mitigar muitos dos riscos e qualquer atividade ou negócio.

5. Custos com restituição da imagem pessoal e da sociedade, podendo ser denominados como gerenciamento de crise de imagem ou custos de relações públicas dentre outras nomenclaturas: essa é uma das principais coberturas no meu ponto de vista; é o que chamamos de dano reputacional, muito comentada pelos especialistas em LGPD. Mencionamos os danos em consequência da violação e que atinge a reputação da empresa como um todo. No próximo capítulo, separamos alguns *cases* reais muito interessantes e facilmente encontrados na *Internet*. Pensando na sua organização, quais seriam as consequências de uma exposição na *Internet* por vazamento de dados de

---

42 SHIRAKI, Maki. *Honda é alvo de ataque hacker e suspende parte da produção, incluindo no Brasil.* Bol. Disponível em: <https://www.bol.uol.com.br/noticias/2020/06/09/honda-e-alvo-de-ataque-hacker-e-suspende-parte-da-producao-incluindo-no-brasil.htm>. Acesso em: 24.08.2020.

clientes ou colaboradores? Vamos exemplificar esse caso com um hospital, onde contém prontuários médicos, os quais podem ser violados por uma questão de concorrência desleal ou até para venda na *dark web*. Não importa a motivação do *cracker*; se isso acontecer, haverá dano reputacional com certeza! Quanto vale a imagem desse hospital após violarem informações de pessoas e se ainda forem figuras públicas e vaza alguma questão de doença para os titulares e portadores de tais enfermidades? Temos um exemplo que está na *Internet* e ilustra bem o exemplo citado para a cobertura. Aconteceu com o Hospital Sírio Libanês[43], o qual sofreu uma invasão e poderia ter sido muito complexo lidar com essa situação. A cobertura indeniza os custos necessários para o trabalho de recuperação da credibilidade, onde houver a exposição da empresa e precisam ser tomadas medidas para recompor essa identidade juntamente com a sua credibilidade quando acontece esse tipo de exposição. Essa proteção indenizará os gastos com o reposicionamento da imagem da empresa no mercado. Temos alguns exemplos onde CEOs de empresas perderam o cargo por conta do dano reputacional.

A Sony Pictures Entertainment foi outro alvo dos invasores causando danos reputacionais aos altos poderes e executivos da empresa[44]. Apesar de não ter gerado consequências mais graves do que fofocas e picuinhas entre grandes astros, podemos observar que qualquer ramo ou atividade pode ser do interesse nesse meio dos crimes cibernéticos.

Temos muitos exemplos reais que podemos utilizar para a cobertura de danos reputacionais. Um caso interessante que certamente lembraremos aconteceu em 2020, com a plataforma *Zoom*. O quanto eles perderam em ações pelo dano reputacional causado com as invasões e os comentários errados que tiveram que ser justificados pelos seu presidente na tentativa de devolver a credibilidade sobre a segurança

---

43 BEZERRA, Mirthyani. *Hospital Sírio-Libanês é alvo de ciberataque; site e app ficam fora do ar.* Bol. Disponível em: <https://www.uol.com.br/tilt/noticias/redacao/2020/07/06/hospital-dos-presidentes-sirio-libanes-e-alvo-de-ataque-cibernetico.htm>. Acesso em: 24.08.2020.

44 GAUCHAZH. *O que descobrimos com o ataque cibernético à Sony.* 15.12.2014. Disponível em: <https://gauchazh.clicrbs.com.br/cultura-e-lazer/noticia/2014/12/O-que-descobrimos-com-o-ataque-cibernetico-a-Sony-4663816.html>. Acesso em: 24.08.2020.

da plataforma? Com esse fato, muitas outras plataformas surgiram ganhando espaço no mercado que estava sendo utilizado no oceano azul do *Zoom* até que ele fosse vítima da invasão cibernética.

Veja como é rápido o dano causado à imagem nesse exemplo. Quando pensamos nesse fato, percebemos que é uma questão de poucas horas e se espalha a notícia e muitas pessoas até por desconhecimento deixaram de usar o *Zoom* na época. Até pessoas físicas sem nenhum risco, sem qualquer informação confidencial, não queriam mais utilizar o *Zoom*.

6. Custos decorrentes de investigação forense e administrativa, denominados também como custas periciais, dentre outras nomenclaturas: é uma cobertura também muito importante, pois a empresa poderá contar com o reembolso e/ ou a contratação de especialistas para a investigação pericial e descobrir o ponto inicial da invasão; afinal, qual organização não estaria interessada em descobrir de onde surgiu a brecha para a empresa tornar-se refém.

Temos um excelente exemplo que aconteceu em um hospital aqui no Brasil e levou à indenização de sinistro, onde um funcionário do hospital tirava *print* da tela de prontuários para vender na *dark web*. Imagine que foi necessária uma investigação administrativa para que o hospital descobrisse que os dados não estavam vazando pela rede ou sistema do hospital, mas sim pela má fé do cidadão que roubava os dados e os vendia no mercado negro dos dados.

Portanto, como já mencionado em outros momentos, os riscos são muitas vezes aumentados por ações das pessoas e, nesse caso, o cidadão era desonesto, pois prejudicou a própria empresa vendendo informações ilicitamente para ter benefícios financeiros. Alguns casos são apenas um *click* indevido por algum colaborador desatento para tornar-se vítima de engenharia social, como já vimos. O fato é que é mais comum do que se imagina e os casos estão aumentando consideravelmente, principalmente com *Phishing*. E, após o acontecimento da pandemia no Brasil, aumentaram absurdamente esses tipos de ataques e, com o aumento das pessoas trabalhando em *home office,* vem elevando em alguns casos a sinistralidade nas seguradoras que atuam com o produto.

7. A cobertura para Extorsão Cibernética é também fundamental e abrange praticamente todas as apólices nas seguradoras. Tendo em vista o elevado número de empresas vítimas desse tipo de ataque cujos dados na sua maioria das vezes são bloqueados e criptografados, para a solicitação de resgate, os criminosos têm pedido valores absurdos em troca da devolução da operação da empresa. Lembramo-nos do exemplo fictício mencionado em um dos capítulos. Podemos observar *cases* reais onde os sequestradores das informações mantêm a atividade parada até conseguirem o resgate, como aconteceu na Honda e também na Avon e na Natura[45], as quais são boas referências desse tipo de crime praticado pelos *crackers* e quadrilhas de cibercriminosos.

A empresa acaba cedendo ao sequestrador e pagando as quantias exigidas, pois, para algumas, é mais barato pagar o resgate do que a perda que teriam em recuperar os sistemas inteligentes de produção que elas possuem. Dessa forma, a cobertura de crime de extorsão indenizada pela maioria das seguradoras é de até 50% do Limite de Garantia de Indenização contratada, em caso de necessidade do pagamento do resgate. Embora não seja garantido que o problema será solucionado, afinal criminoso não é confiável, essa é uma cobertura que tem como decisor a própria empresa; é ela quem decide se paga ou não o resgate; afinal, quem sabe sobre o valor do risco que corre com os dados sequestrados e o tempo e custos para recuperação dos mesmos é a própria segurada.

8. O reembolso de despesas, podendo ser denominado custos emergenciais ou de remediação: é uma verba disponibilizada pela seguradora para o segurado utilizá-la em situações necessárias para evitar ou reduzir os riscos de uma futura reclamação, ou seja, geralmente a seguradora disponibiliza um reembolso de 10% ou 20% do limite contratado na apólice para que a empresa utilize com as medidas que achar cabíveis dentre circunstâncias não previstas e que possam agravar o risco.

---

45 CONVERGÊNCIA DIGITAL. *Ataques hackers têm o sequestro de dados e a extorsão como alvo principal no Brasil.* 09.06.2020. Disponível em: <ttps://www.convergenciadigital.com.br/cgi/cgilua.exe/sys/start.htm?UserActiveTemplate=site&UserActiveTemplate=mobile%252Csite&infoid=53887&sid=18>. Acesso em: 24.08.2020.

9. A cobertura de Responsabilidade Civil por dados violados pelas empresas terceirizadas ou subcontratadas: é uma garantia encontrada praticamente em todas as companhias e extremamente útil, se avaliarmos o quanto das empresas são nossos fornecedores ou parceiros os quais não temos como controlar sua gestão de riscos. Mesmo que façamos contratos com multas exorbitantes, arriscaria dizer que a empresa pode quebrar em função de um ataque cibernético e não conseguir honrar com a multa.

Quem pode mensurar exatamente o quanto terá de prejuízos e quais exatamente serão os danos após o ataque de uma invasão digital? Essa cobertura garante a indenização de violações que podem fugir do controle das nossas empresas causadas justamente por uma vulnerabilidade em uma terceirizada de nosso negócio, vazando dados de nossos clientes ou colaboradores e, por consequência, gerando a responsabilidade civil à nossa organização, amparando nesse caso a segurada.

Uma boa opção é sugerir que fornecedores e parceiros contratem uma apólice de seguros. Pode ser uma forma inteligente e de baixo custo para aumentarmos a mitigação dos riscos da cadeia de empresas parceiras, criando uma rede de proteção entre todas que se relacionam. Também é uma boa opção para reduzir os possíveis danos naquelas que porventura sofram algum tipo de violação cibernética.

10. A cobertura de Responsabilidade Civil por dados pessoais e corporativos: é relacionada às situações de dados privados que estejam sob a custódia da empresa e onde ocorra uma divulgação pública de informações confidenciais, como planos estratégicos ou informações profissionais e sigilosas do negócio e acabam sendo vazadas.

11. A cobertura de Pagamento de Indenização em decorrência de ação judicial ou extrajudicial: é o próprio seguro de responsabilidade civil, ou seja, se a violação acontece prejudicando terceiros, como os titulares dos dados vistos no capítulo que menciona sobre eles na LGPD, em caso de um processo por vazamento de dados de titulares, a empresa estará amplamente amparada por essa cobertura e, no caso, terá uma indenização, caso seja penalizada e tiver que indenizar as vítimas prejudicadas. Mas o bom da cobertura é que pode ser realizada a

LGPD - LEI GERAL DE PROTEÇÃO DE DADOS: SUA EMPRESA ESTÁ PRONTA?

indenização inclusive em casos extrajudiciais, sem levar anos sofrendo um processo. Vejamos o caso da Netshoes[46]. É clássico e muito anterior à própria LGPD, mas o Ministério Público a condenou a pagar R$ 500 mil reais só em danos morais por ajustamento de conduta em função do vazamento de dados que aconteceu expondo quase 2 milhões de clientes ao risco, vazando dados pessoais como nome, CPF e *e-mail* desses clientes, ou seja, imagine esses dados vendidos na *dark web*? O quanto vale um CPF? Você saberia quanto custa esse dado?

O que importa é saber que vale dinheiro para criminosos e que é um dado dentre os mais procurados nesse mercado negro da *Internet*, ou seja, precisamos estar cada vez mais conscientes se é realmente necessário e fundamental ao nosso negócio guardarmos determinados dados. Por isso a importância da adequação da lei, pois infelizmente podemos deparar-nos com um invasor que procure esse tipo de informação em nossa organização.

12. A cobertura para Pagamento de Honorários advocatícios: é também muito interessante pelo fato de que a segurada poderá escolher seus advogados de defesa, o que mencionamos diversas vezes: a importância de profissionais especializados e no caso um bom advogado que realmente entenda de crime cibernético para defendê-lo é o ideal, permitindo que se mantenha a tranquilidade do jurídico da empresa com seus advogados de confiança.

Essa cobertura é um bom motivo para que os advogados que estão lendo esta obra indiquem o seguro aos seus clientes, sugerindo com tranquilidade uma apólice para reduzir os riscos e garantindo indenizações em casos de invasões. O seguro colabora com os setores jurídico e de tecnologia, complementando e fechando o círculo de proteção aos riscos como vimos em diversos exemplos e *cases*. Uma boa apólice só acrescenta em todo o processo de mitigação.

Além dessas coberturas, encontramos muitas derivações e nomenclaturas próprias de acordo com os clausulados de cada seguradora, lembrando que as companhias são empresas privadas e que cada uma possui seus produtos e aceitações específicas, ou seja, vale lembrar de sempre fazer um

---

46 *Netshoes terá de pagar R$ 500 mil por vazamento de dados de 2 milhões de clientes.* 05.02.2019. Disponível em: <https://glo.bo/3mZFdMX>. Acesso em: 24.08.2020.

bom comparativo e negociação com a corretora de seguros especialista na busca do produto mais adequado à sua atividade e relacionado às possíveis vulnerabilidades que o seu negócio está suscetível.

Todos os exemplos anteriores estão expostos de uma forma muito simples na qual procuramos facilitar o entendimento de todos os setores das empresas. A flexibilidade do produto vai depender da seguradora, do relacionamento da corretora com o mercado, dentre outros fatores, pois, como já mencionado, a negociação envolve alguns cenários que serão avaliados pela seguradora.

O lado bom de tudo que comentamos até o momento é que, se você quer que seu negócio perdure por muitos e muitos anos longe de prejuízos, continue tendo lucro e gerando empregos, você sabe agora que todo o risco cibernético pode ser transferido para uma seguradora, protegendo o negócio.

Observe na figura abaixo a transferência de risco de forma simples e clara:

Fonte: Autoria própria[47].

---

47 Criado a partir do que foi aprendido com Hellen Deungaro Fernandes no Treinamento da Zurich Seguros, 2018.

Analisando a figura fica simples verificarmos o que é a transferência de risco para a seguradora, sendo que todo o processo será intermediado por uma corretora de seguros na figura do profissional especialista, o qual necessita entender com profundidade sobre o produto seguro *cyber* e é escolhido pela empresa segurada, ou seja, é esse profissional que representa o segurado perante a seguradora.

O corretor de seguros irá orientar desde a fase de Avaliação de Risco, onde a empresa receberá as orientações para o devido preenchimento de um questionário de avaliação de risco contendo cerca de 38 a 40 perguntas, em média. Esse questionário terá perguntas específicas sobre a maturidade da organização quanto à fase que se encontra de adequação à LGPD; sobre quais as políticas de privacidade que possui; se elas já estão implementadas ou qual fase encontram-se; se possui gerenciamento de risco ou alguma medida de proteção contra violação de dados; se a empresa trabalha com subsidiárias e se estas se encontram em outros países; como está a coleta das informações de dados pessoais e quais as medidas de proteção estão sendo implementadas pela empresa; os tipos de antivírus e quais as precauções nesse sentido; se há algum tipo de monitoramento da rede; como é a relação com seus fornecedores e terceirizados; se existe nesse caso algum tipo de gerenciamento de risco e assim por diante. O importante é saber que essas perguntas estão relacionadas às medidas de prevenção adotadas na LGPD e também quanto à SI. Por esse motivo, realizar a adequação à Lei, além de ser uma questão de cumprimento de legislação, ajuda e muito na tarifação do seguro.

Se a sua empresa está em um momento de pouco fluxo de caixa e não tem dinheiro para investir com toda implementação ou com SI, ela deverá tentar ao menos garantir parte de seus riscos e vulnerabilidades com o seguro e aos poucos vai realizando as adaptações que o crescimento do negócio exige, pois lembramos de que o fato de possuir uma apólice é visto como boa prática.

A fase seguinte ao questionário fica com a sua corretora de seguros que irá à busca do melhor produto no mercado quando acontece a negociação por aceitação junto aos subscritores do produto, especialistas das seguradoras. A partir das informações no questionário e de algumas conversas entre os dois profissionais é que será precificado o seguro. A contratação é muito simples: a empresa receberá os orçamentos negociados pelo corretor de seguros e este deverá esclarecer todas as dúvidas e coberturas contratuais do seu orçamento.

Nessa etapa final da contratação, a atenção deve ser voltada para as diferenças que se encontram nas entrelinhas. Questione a corretora especialista sobre as franquias, sobre os percentuais de cada cobertura, os quais podem ser diferentes de uma seguradora para outra e um ponto bem importante: desconfie quando a diferença de preço é muito alta. Tire todas as suas dúvidas antes do fechamento, lembrando que a apólice é um documento legal que irá proteger e indenizar sua empresa se acontecer as previsões feitas nesse contrato. Portanto, não feche um contrato se tiver dúvidas, evitando frustrações na indenização, o que é bom para todas as partes envolvidas.

A próxima etapa é optar pelo fechamento do seguro, o qual deverá ser formalizado à corretora de seguros e em poucos dias receberá sua Apólice de Seguros Cibernéticos.

O treinamento dos colaboradores quando tratamos de mitigação de riscos deve ser observado com a mesma importância do seguro - ambos são relevantes e, por isso, não menos importantes. Todas as implementações possíveis para reduzir o seu risco devem ser consideradas, pois não adianta fazer um seguro e não orientar a equipe. Ou seja, a mitigação depende desse compilado de ações que, em sua somatória, fará toda a diferença no resultado satisfatório e à segurança das informações na sua empresa.

Passamos então para última etapa da nossa figura, a Gestão de Crise e indenizações. Esse é o ponto de maior *stress*, que é o sinistro ou o ataque cibernético propriamente dito que supostamente já aconteceu e de que forma que será tratado cada um dos problemas; como serão indenizadas as coberturas as quais mencionamos no capítulo anterior como também a agilidade do atendimento na seguradora, a qual fará toda a diferença se a sua empresa chegar nessa etapa do processo.

É importante salientarmos que existem companhias com ampla gestão de crise, a qual denominamos de resposta a incidentes em algumas seguradoras, funcionando como uma assistência 24 horas especializada e com âmbito de atendimento mundial e outras que irão tratar o sinistro de maneira mais simples, sendo que, na visão de especialista, aconselhamos sempre buscar essa informação já que hoje em dia a internacionalização de uma empresa é muito simples de acontecer. Dessa forma, o empreendedor, sabendo aonde ele quer chegar com seu negócio, saberá optar pelo produto que melhor convier para sua realidade.

Sabendo das diversas maneiras de reduzir os riscos cibernéticos, conhecendo as principais formas de engenharia social utilizadas pelo *cracker*, basta aplicarmos os conhecimentos de mitigação de risco na sua empresa seguindo as principais dicas abaixo:

- » Conscientização dos colaboradores e treinamento;
- » Boas práticas já são requisitos da LGPD. Aproveite e melhore seus processos internos;
- » Adote um sistema de gestão de risco e incorpore na cultura da empresa;
- » Facilite sua vida com *softwares* de adequação e proteção de dados. Hoje existem sistemas de baixo valor considerando o tempo que se ganha;
- » Faça seguro cibernético. É uma boa maneira de reduzir grandes prejuízos financeiros na empresa, além de utilizá-lo como forma de negociar seus próprios contratos.

X. *CASES* REAIS. VEJAMOS QUAIS OS MAIORES GOLPES GERANDO OS SINISTROS NAS MAIORES SEGURADORAS

Segundo o relatório Cyber Claims Report (UK – 2019)[48], vejamos o que acontece na prática relacionada aos *cases* de seguros. A maior preocupação das seguradoras com relação aos sinistros que vêm aumentando consideravelmente desde 2017 até os dias atuais encontram-se no que eles denominam de BEC, ou seja, Business Email Compromise[49], sendo este a principal causa de sinistros em empresas, tendo a engenharia social *Phishing* como isca para implementar o *ransomware* nas empresas.

O cibercriminoso tem colocado telas falsas de autenticação para que o indivíduo coloque suas credenciais nela e, a partir daí, o criminoso invade os *e-mails* do colaborador e começa a espalhar o vírus em

---

48 Cyber Claims Report. Disponível em: <https://netdiligence.com/cyber-claims-study--2019-report/>. Acesso em: 20 ago. 2020.

49 Compromisso com *e-mail* comercial.

ENGENHARIA SOCIAL E MITIGAÇÃO DO RISCO

outras máquinas pelo conteúdo enviado em *e-mail* de *phishing*. Assim, ele consegue entrar na caixa de entrada de mais usuários e espalhar-se pela empresa. A seguradora menciona que, mesmo os clientes estando cientes na sua maioria sobre os conceitos de alguns dos métodos de engenharia social, como o caso do *Phishing* mencionado como um dos maiores problemas que geram sinistro nas empresas, infelizmente as pessoas acabam caindo no golpe com o BEC, sendo geralmente alvo aqueles colaboradores que trabalham nos setores de envio de pagamentos, onde geralmente os criminosos utilizam-se de contas falsas para solicitar aos fornecedores transferências em espécie e dados confidenciais.

O mesmo golpe com BEC também pode afetar, ocasionando a interrupção dos negócios, ou seja, a forma de entrarem nas empresas muitas vezes é através do mesmo método de engenharia social, mas os prejuízos são os mais diversos, pois variam desde o crime de extorsão; a interrupção de *software* e, consequentemente, das atividades da empresa; a violação de dados sensíveis e o roubo de dinheiro através de transferências bancárias falsas, ou seja, todos os golpes estão "linkados" às falhas humanas para conseguirem o sucesso na ação criminosa.

O setor de serviços é um dos maiores atingidos em percentuais de sinistros, seguidos por serviços financeiros. Segundo o relatório, os incidentes têm se espalhado pelos mais diversos setores, confirmando a tese de que nenhuma atividade está imune ao risco.

As indústrias de todos as modalidades têm ganhado forte destaque nos incidentes. Ainda no mesmo relatório, 1100 reivindicações da EMEA[50] foram notificadas com relação às suas políticas de proteção de dados entre os anos de 2013 e 2018, demonstrando que essas atividades também podem ter fortes impactos em decorrência de crimes cibernéticos.

Podemos concluir, com a análise desse relatório fornecido pela seguradora, que muitos dos ataques iniciam através da caixa de entrada dos *e-mails*, os denominados BEC, onde os invasores conseguem coletar informações de clientes e funcionários nas empresas, recolhendo os dados pessoais tão almejados para alguns criminosos; além de conseguirem informações confidenciais das

---

50 EMEA: Sigla para Europe, the Middle East and Africa. Europa, Oriente Médio e África (designação de região comercial).

LGPD - LEI GERAL DE PROTEÇÃO DE DADOS: SUA EMPRESA ESTÁ PRONTA?

empresas como segredos comerciais, dentre outras motivações que podem ser utilizadas em crimes de extorsão.

Os maiores setores invadidos segundo as informações da EMEA foram:

1. Empresas de serviços;
2. Empresas de varejo e atacado;
3. Empresas de fabricação de produtos;
4. Entidades públicas e sem fins lucrativos;
5. Empresas de mídia e tecnologia ligadas à comunicação;
6. Empresas de hotelaria e lazer;
7. Empresas de transporte e logística;
8. Empresas do setor de energia e utilidades;
9. Outras indústrias e serviços;
10. Empresas ligadas à saúde como hospitais, produtos farmacêuticos; e
11. Empresas de alimentos, ligadas à educação e construção ficam com a última colocação.

Analisando a listagem das atividades por ordem de maior incidência no número 1 da lista, podemos pensar que praticamente não escapa nenhuma atividade dentro do rol de incidências no EMEA. Mas e aqui no Brasil?

Segundo as informações junto ao mercado segurador, não é muito diferente, ou seja, as empresas das mais diversas atividades têm sido vítimas de ataques cibernéticos e as incidências têm sido cada vez mais frequentes.

Segundo Mark Camillo, head of Cyber for EMEA na AIG, as empresas não possuem muita sofisticação na SI e, portanto, estão muito mais propensas a cair nos riscos cibernéticos através do BEC. E como os criminosos visam o ganho financeiro, eles acabam migrando para empresas que têm ainda menos segurança da informação[51].

Observe o que aconteceu com o *ZOOM*[52] com a chegada da pandemia.

---

51 AIG Inc. Cyber Claims Report (UK - 2019). UK: 2019. Disponível em: <https://drive.google.com/drive/u/2/folders/12iGMcWDEqKbFfpcS7uiAf-okt9YTUINO>. Acesso em: 24.08.2020.

52 CONVERGÊNCIA DIGITAL. Anvisa bloqueia o uso da videoconferência Zoom por

ENGENHARIA SOCIAL E MITIGAÇÃO DO RISCO

Essa ferramenta escalou seus usuários passando de 10 milhões para 200 milhões de pessoas utilizando a ferramenta. Pela repercussão que gerou em cima desse crescimento, começaram a repercutir políticas de privacidade da empresa, as quais começaram a ser questionadas e no Brasil a justiça acabou notificando a empresa com suspeita de vazamento de dados.

Em uma primeira nota oficial, a empresa havia relatado que os dados que circulavam na plataforma eram criptografados ponta a ponta. Depois foi descoberto que na verdade a ferramenta não era. Todo esse assunto gerou um desconforto para a organização e manchou a sua reputação no mercado.

O *case* da Travelex[53] também é um bom exemplo dos prejuízos que podem originar-se através do ataque cibernético. Nesse caso, houve a interrupção do serviço prejudicando toda a sua operação de câmbio e gerando gastos com investigação, perda de lucro, dentre outros prejuízos, sendo que se imaginarmos só o dano causado pela interrupção do negócio já é suficiente para uma dor de cabeça enorme para a empresa.

Em 2018 o Banco Inter teve problema de violação de dados e culpou publicamente uma pessoa "autorizada" justificando que não era um problema de segurança.[54] O problema é que, em 2019, um novo problema aconteceu no mesmo banco, deixando mais de 100 mil clientes com dados violados e expostos.[55]

O *Google*[56] é mira de milhares de invasões. Nesse caso, aconteceu

---

falha de segurança. 06.04.2020. Disponível em: <https://www.convergenciadigital.com.br/cgi/cgilua.exe/sys/start.htm?UserActiveTemplate=site&infoid=53301&-sid=18>. Acesso em: 24.08.2020.

53 GAIATO, Kris. Serviços da Travelex permanecem suspensos após ciberataque. *Techmundo*. Disponível em: <https://www.tecmundo.com.br/seguranca/149315-servicos-travelex-permanecem-suspensos-ciberataque.htm>. Acesso em: 24.08.2020.

54 UOL. *Banco Inter confirma vazamento de dados e culpa "pessoa autorizada".* 17.08.2018. Disponível em: <https://www.uol.com.br/tilt/noticias/redacao/2018/08/17/banco-inter-confirma-vazamento-de-dados-apos-ataque-hacker.htm>. Acesso em: 24.08.2020.

55 TUDO CELULAR. *De novo! Banco Inter deixou dados de 1,45 milhão de clientes expostos.* 13.02.2019. Disponível em: <https://www.tudocelular.com/seguranca/noticias/n138074/banco-inter-vazamento-dados.html>. Acesso em: 24.08.2020.

56 MENN, Joseph. *Usuário do Google Chrome são alvos de ataque cibernético.* Agên-

através da metodologia conhecida como *Spyware*, onde a segurança da informação da empresa conseguiu detectar mais de 70 extensões maliciosas. O risco de algum colaborador de uma empresa em *home office* que desconhece os métodos de engenharia social infectar o seu computador com um vírus desses é enorme, podendo gerar prejuízos para toda uma empresa. Na França a agência de proteção de dados multou o *Google* no valor 50 milhões de Euros por violação de regras de privacidade da União Europeia, a GDPR, em 2019.[57]

No caso do *Facebook*[58], o *cyber attack* afetou 50 milhões de usuários, ocasionando uma série de transtornos de imagem à empresa. Os *crackers* tiveram acesso às senhas para entrar nas contas, o que lhes permitia não só roubar os dados, como também alterá-los. Esse *case* foi comentado nos noticiários do mundo inteiro na época.

Analisando os casos das empresas como *Google*, *Facebook*, Banco Inter, *Travelex* e o mais recente do *Zoom*, você percebe que as invasões acontecem com qualquer atividade empresarial e não importa que sejam empresas gigantescas com a máxima segurança cibernética, o melhor e mais moderno sistema de proteção tecnologia tampouco se a sua empresa está toda em conformidade. O fato é que não existe 100% de segurança quando o assunto é invasão de dados.

Sejam quais forem as motivações que possam levar os criminosos às brechas de segurança, eles podem utilizar-se de engenharia social para conseguir alcançar seu objetivo final, que é a violação de dados. Por esse motivo é que o seguro cibernético é uma forma de baixo custo que poderá proteger o seu patrimônio financeiro e reputacional, mas que quase ninguém menciona sua existência. E aí está uma excelente medida de redução dos riscos com prejuízos incalculáveis.

Avaliando o risco com o vazamento de dados com colaboradores, um *case* muito interessante que nos faz refletir é o que aconteceu na

---

cia Brasil. Disponível em: <https://agenciabrasil.ebc.com.br/internacional/noticia/2020-06/usuarios-do-google-chrome-sao-alvo-de-ataque-cibernetico#>. Acesso em: 24.08.2020.

57 ALECRIM, Emerson. *Google recebe multa de 50 milhões de euros na França por violar GDPR*. Tecnoblog. Disponível em: <https://tecnoblog.net/275817/google-multa-gdpr-franca/>. Acesso em: 24.08.2020.

58 COSSETI, Melissa Cruz. *O que sabemos sobre o ataque ao Facebook que afetou 90 milhões de contas*. Tecnoblog. Disponível em: <https://tecnoblog.net/262657/o-que-sabemos-sobre-o-ataque-ao-facebook/>. Acesso em: 24.08.2020.

Amazon[59] quando a empresa descobriu que dados de clientes foram violados por seus próprios funcionários. Paramos para refletir que realmente a empresa necessita proteger-se de todas as formas. Nesse exemplo, trata-se de violação das políticas da empresa, mas que vêm ao encontro dos riscos que temos comentado durante toda essa obra. Ou seja, a propriedade intelectual do negócio precisa ser protegida e a violação do *Trade Secret* da empresa é motivo de justa causa, mas também de prejuízos incalculáveis muitas vezes.

Se buscarmos no próprio *Google*, encontramos os mais diversos *cases* de empresas dos mais variados tamanhos e atividades como o caso da empresa de segurança que expõe mais de 25 GB de dados fiscais de clientes, a empresa Orsegups Participações Holding SA[60], que controla 7 empresas do ramo de segurança patrimonial, afetando tanto as pessoas físicas como a jurídica dos seus clientes, o que mostra a vulnerabilidade quando se trata de segurança digital.

Como estes encontraremos inúmeros *cases* que estão expostos publicamente na *Internet* e outros que certamente virão e quem sabe se algum dia será a sua ou a minha empresa. O que resta saber é o quanto uma empresa está protegendo o seu negócio. E se ainda não fez um seguro, vale a pena fazer um orçamento, pois você pode descobrir que sai menos do que imagina e isso oferece uma enorme proteção contra todas as vulnerabilidades a que estamos expostos diariamente.

XI. CONCLUSÃO

Pode-se concluir que a mitigação do risco cibernético está diretamente ligada às ações da gestão estratégica da organização, tornando-se essencial que a empresa tenha a conscientização em 360 graus de todo o seu time, sendo altamente observado e apoiado em toda a gestão estratégica da mesma. Ou seja, não basta adaptar-se à LGPD, estando em *compliance* para não perder contratos; é necessário que a organização leve a segurança para além do departamento jurídico

---

59 KLEINA, Newton. *Amazon demite funcionários por vazar dados de clientes para terceiros.* Tecmundo. Disponível em: <https://tinyurl.com/y2h3nq63>. Acesso em: 24.08.2020.

60 SOUZA, Ramon de. *Empresa de segurança expõe mais de 25 GB de documentos fiscais.* The Hack. Disponível em: <https://tinyurl.com/y4et2rt7>. Acesso em: 24.08.2020.

ou de TI da empresa. Para que a empresa esteja protegida ela precisa ser autorresponsável, levando à importância os atos individuais que farão toda a diferença quando se pensa em proteção contra possíveis invasores cibernéticos.

Muitas empresas pequenas pensam que os invasores estão preocupados somente com grandes negócios. Porém, essa ideia pode ser uma falsa ilusão, já que os pequenos empreendedores são meios fáceis dos cibercriminosos chegarem aos grandes, considerando que muitos negócios funcionam como uma cadeia de conexões ligando uma atividade à outra. Assim, devemos ter uma visão ampla desse cenário e verificando onde estamos dentro dessa cadeia de empresas com os clientes e onde podemos ser os fornecedores de nossos serviços ou produtos.

Entender as consequências de uma invasão cibernética faz da empresa uma especialista em mitigação do seu próprio risco. Portanto, tanto a necessidade de treinamento para a equipe quanto a importância da contratação do seguro são indispensáveis, juntamente com tudo que foi explanado nessa obra. A ciência acerca de quais coberturas podem proteger o negócio é fundamental em qualquer segmento e atividade empresarial.

Espera-se que, a partir desse conteúdo, possa-se pensar em investimento quando se fala de segurança que, ao adquirir um curso colaborando com a conscientização de colaboradores, perceba-se que se estão aumentando as percepções das responsabilidades de toda a equipe.

A ideia dessa obra foi de expandir o conhecimento sobre os temas abordados para que se possa investir na mudança de cultura sobre os seguros, aumentando a percepção sobre a importância das apólices para a sobrevivência das empresas, assim como demonstrar a relevância dos seguros cibernéticos serem tratados através de corretoras especialistas, tendo em vista a complexidade desse segmento.

Ser uma especialista de seguros cibernéticos no Brasil não é tarefa fácil já que necessitam conhecimentos multidisciplinares. Daí a importância de compreender o papel desses profissionais, denominados corretores de seguros, os quais são verdadeiros guardiões do nosso patrimônio, buscando a melhor proteção para as pessoas e suas empresas.

Espero que a relevância do assunto abordado tenha colaborado para que as empresas percebam a importância do jurídico, da segurança da informação e do pessoal de TI, mas não apenas dos especialistas corretores, como também das seguradoras e de todo o mercado que envolve o setor de seguros, que tem um papel fundamental no crescimento da economia. É por meio das indenizações de seguros que muitas empresas podem continuar gerando empregos, reduzindo os prejuízos e perdas financeiras, restabelecendo as suas rotinas.

E o mais relevante é poder ampliar o conhecimento dos leitores ao compartilharmos conteúdo relevante. Assim, levamos as empresas para um patamar mais elevado, com melhores práticas e prosperamos todos juntos!

Quero finalizar esta obra com uma frase do próprio Kevin Mitnick, o grande pioneiro das engenharias sociais no mundo todo, trazendo de sua própria experiência e demonstrando uma resiliência enorme, sendo um verdadeiro exemplo para tudo que aprendemos nessa obra. Trata-se de um ícone nesse tema, pois conseguiu, após seu aprendizado, deixar de ser *cracker* e voltar a ser um *hacker*, hoje, um dos mais bem-sucedidos no mundo em proteção digital:

> Há um ditado popular que diz que um computador seguro é aquele que está desligado. Isso é inteligente, mas é falso: o *hacker* convencerá alguém a entrar no escritório e ligar aquele computador. Tudo é uma questão de tempo, paciência, personalidade e persistência. [61]
>
> **(Kevin David Mitnick)**

---

61 PENSADOR. Disponível em: <https://www.pensador.com/frase/MTQ0MDcyNQ/>. Acesso em: 24.08.2020.

XII. REFERÊNCIAS

AIG Inc. *Cyber Claims Report (UK - 2019)*. UK: 2019. Disponível em: <https://drive.google.com/drive/u/2/folders/12iGMcWDEqKbFfpcS7uiAfokt9YTUINO>. Acesso em: 24.08.2020.

ALECRIM, Emerson. *Google recebe multa de 50 milhões de euros na França por violar GDPR*. Tecnoblog. Disponível em: <https://tecnoblog.net/275817/google-multa-gdpr-franca/>. Acesso em: 24.08.2020.

ALMEIDA, Dionice de. *Curso EAD "Aumente suas vendas com seguro de RC Cibernético"*. novembro de 2018.

ALMEIDA, Dionice de. *Curso EAD "Noções de Engenharia Social e Riscos Cibernéticos"*. maio de 2020.

ALVES, Cássio Bastos. *Segurança da informação vs. Engenharia Social - Como se proteger para não ser mais uma vítima*. Brasil Escola, 2010. Disponível em: <https://monografias.brasilescola.uol.com.br/computacao/seguranca-informacao-vs-engenharia-social-como-se-proteger.htm>. Acesso em: 22.08.2020.

BEZERRA, Mirthyani. *Hospital Sírio-Libanês é alvo de ciberataque; site e app ficam fora do ar*. Bol. Disponível em: <https://www.uol.com.br/tilt/noticias/redacao/2020/07/06/hospital-dos-presidentes-sirio-libanes-e-alvo-de-ataque-cibernetico.htm>. Acesso em: 24.08.2020.

BRASIL. CIRCULAR nº 579, de 13 de novembro de 2018. Disponível em: https://www.in.gov.br/materia/-/asset_publisher/Kujrw0TZC2Mb/content/id/50482106/do1-2018-11-16-circular-n-579-de-13-de-novembro-de-2018-50481886 Acesso em: 24.08.2020.

CANAL CONTRA ESPIONAGEM. *Técnica de pegar carona (tailgating ou piggybacking)*. 17.04.2017. 1 vídeo (0:31) Disponível em: <https://www.youtube.com/watch?v=REpfDKx-V3g>. Acesso em: 24.08.2020

CNN Business. *Watch this hacker break into a company*. 01.06.2016. Disponível em: <https://www.youtube.com/watch?v=PWVN3Rq4gzw>. Acesso em: 22.08.2020.

CONVERGÊNCIA DIGITAL. *Anvisa bloqueia o uso da videoconferência Zoom por falha de segurança*. 06.04.2020. Disponível em: <https://www.convergenciadigital.com.br/cgi/cgilua.exe/sys/start.htm?UserActiveTemplate=site&infoid=53301&sid=18>. Acesso em: 24.08.2020.

COSSETI, Melissa Cruz. *O que sabemos sobre o ataque ao Facebook que afetou 90 milhões de contas*. Tecnoblog. Disponível em: <https://tecnoblog.net/262657/o-que-sabemos-sobre-o-ataque-ao-facebook/>. Acesso em: 24.08.2020.

CRYPTOID. *Kevin Mitnick será Keynote Speaker no evento BRAZIL CYBER DEFENCE*. 16.02.2018. Disponível em: <https://cryptoid.com.br/banco-de-noticias/brazil-cyber-defence-confirma-kevin-mitnick-como-keynote-speaker-confira-a-agenda/>. Acesso em: 22.08.2020.

FONSECA, William. *Quem é Kevin Mitnick?*. Tecmundo. Diponível em:

<https://www.tecmundo.com.br/historia/1842-quem-e-kevin-mitnick-. htm#:~:text=Considerado%20pelos%20EUA%20como%20o,para%20 continuar%20com%20seus%20crimes>. Acesso em: 22.08.2020.

GAIATO, Kris. *Serviços da Travelex permanecem suspensos após ciberataque.* Techmundo. Disponível em: <https://www.tecmundo.com.br/ seguranca/149315-servicos-travelex-permanecem-suspensos-ciberataque. htm>. Acesso em: 24.08.2020.

GAUCHAZH. *O que descobrimos com o ataque cibernético à Sony.* 15.12.2014. Disponível em: <https://gauchazh.clicrbs.com.br/cultura-e-lazer/ noticia/2014/12/O-que-descobrimos-com-o-ataque-cibernetico-a-Sony-4663816.html>. Acesso em: 24.08.2020.

G1. *Golpe do pen drive rouba dados de empresas.* 31.05.2007. Disponível em: <https://glo.bo/2UBYesj>. Acesso em: 22.08.2020.

G1. *Netshoes terá de pagar R$ 500 mil por vazamento de dados de 2 milhões de clientes.* 05.02.2019. Disponível em: <https://g1.globo.com/df/distrito-federal/ noticia/2019/02/05/netshoes-tera-de-pagar-r-500-mil-por-vazamento-de-dados-de-2-milhoes-de-clientes.ghtml>. Acesso em: 24.08.2020.

GOOGLE PHISHING QUIZ. Disponível em: <https://phishingquiz.withgoogle. com/?hl=pt-BR>. Acesso em: 22.08.2020.

GUSMÃO, Gustavo. *Os 15 maiores vazamentos de dados da década.* Exame. Disponível em: <https://exame.com/tecnologia/os-15-maiores-vazamentos-de-dados-da-ultima-decada/>. Acesso em: 24.08.2020.

INVASORES: NENHUM SISTEMA ESTÁ SALVO. *Who Am I - Kein System ist sicher (título original)* Direção: Baran bo Odar. Intérpretes: Tom Schilling, Elyas M'Barek, Wotan Wilke Möhring. Roteiro: Jantje Friese. Alemanha: 2014. 102min.

IOSCO. International Organization Of Securities Commissions. Disponível em: <https://bit.ly/2R3qthp>. Acesso em: 22.08.2020.

JIMENEZ, Ray. *O caso Ashley Madison: nova tendência em crimes digitais. Canaltech.* Disponível em: <https://canaltech.com.br/seguranca/o-caso-ashley-madison-nova-tendencia-em-crimes-digitais-47445/>. Acesso em: 24.08.2020.

KASPERSKY. *Aprenda sobre malware e como proteger todos os seus dispositivos contra eles.* 12.12.2018. Disponível em: <https://www.kaspersky.com.br/ resource-center/preemptive-safety/what-is-malware-and-how-to-protect-against-it>. Acesso em: 22.08.2020.

KLEINA, Newton. *Amazon demite funcionários por vazar dados de clientes para terceiros. Tecmundo.* Disponível em: <https://tinyurl.com/y2h3nq63>. Acesso em: 24.08.2020.

LINO, Thiago. *Curso Técnico Riscos e Seguros Cibernéticos.* São Paulo: Escola Nacional de Seguros, 2019.

LOBO, Ana Paula. *Ataques hackers têm o sequestro de dados e a extorsão como alvo principal no Brasil.* Convergência digital. Disponível em: <https://bit.ly/331PAaZ>. Acesso em: 24.08.2020.

MENDONÇA, Renata. *Como os testes de Facebook usam seus dados pessoais - e como empresas ganham dinheiro com isso.* BBC News. Disponível em: <https://www.bbc.com/portuguese/salasocial-43106323>. Acesso em: 22.08.2020.

MENN, Joseph. *Usuário do Google Chrome são alvos de ataque cibernético.* Agência Brasil. Disponível em: <https://agenciabrasil.ebc.com.br/internacional/noticia/2020-06/usuarios-do-google-chrome-sao-alvo-de-ataque-cibernetico#>. Acesso em: 24.08.2020.

NCSC. *Watering hole attack.* Disponível em: <https://www.ncsc.gov.uk/collection/supply-chain-security/watering-hole-attacks>. Acesso em: 22.08.2020.

O SILÊNCIO DOS INOCENTES. *The Silence of the Lambs (título original).* Direção: Jonathan Demme. Intérpretes: Jodie Foster, Anthony Hopkins, Lawrence A. Bonney. Roteiro: Thomas Harris. EUA: 1991. 138min.

PENSADOR. Disponível em: <https://www.pensador.com/frase/MTQ0MDcyNQ/>. Acesso em: 24.08.2020.

PIGGYBACKING (security). In DICIO, Wikipedia. Disponível em: <https://en.wikipedia.org/wiki/Piggybacking_(security)>. Acesso em: 24.08.2020.

PINHEIRO, Flávio R. *Curso e-learning: Fundamentos da Segurança da Informação (com base na ISO 27001 e 27002)* - Preparatório EXIN ISFS". São Paulo: 15.06.2020.

PINHEIRO, Patrícia Peck. *Proteção de Dados Pessoais.* Curso EAD. São Paulo, ago. 2020.

PRADO JR, Caio. *Bug do Milênio. Mundo Educação.* Disponível em: <https://mundoeducacao.uol.com.br/informatica/bug-milenio.htm>. Acesso em: 24.08.2020.

QUID PRO QUO. In DICIO, Wikipedia. Disponível em: <https://pt.wikipedia.org/wiki/Quid_pro_quo>. Acesso em: 22.08.2020.

RODRIGUES, Renato. *Brasil é líder em empresas atacadas por ransomware na epidemia.* Kaspersky. Disponível em: <https://www.kaspersky.com.br/blog/empresa-brasil-ransomware-pandemia/15527/>. Acesso em: 24.08.2020.

ROHR, Altieres. *Scareware: conheça as fraudes que apelam para o medo na web.* G1. Disponível em: <http://g1.globo.com/tecnologia/blog/seguranca-digital/post/scareware-conheca-fraudes-que-apelam-para-o-medo-na-web.html>. Acesso em: 22.08.2020.

ROUSE, Margaret. *Watering hole attack.* Techtarget Searchsecurity. Disponível em: <https://searchsecurity.techtarget.com/definition/watering-hole-attack#:~:text=A%20watering%20hole%20attack%20is,the%20target's%20place%20of%20employment>. (Tradução do autor). Acesso em: 22.08.2020.

SCAREWARE. In DICIO, Wikipedia. Disponível em: <https://pt.wikipedia.org/wiki/Scareware>. Acesso em: 22.08.2020.

SENADO. *Brasil é 2° no mundo em perdas por ataques cibernéticos, aponta audiência.* 05.09.2019. Disponível em: <https://www12.senado.leg.br/noticias/materias/2019/09/05/brasil-e-2o-no-mundo-em-perdas-por-ataques-ciberneticos-aponta-audiencia>. Acesso em: 24.08.2020.

SERASA. *Dark Web: O Que É? Como Se Proteger?* 11.03.2019. Disponível em: <https://www.serasa.com.br/ensina/seu-cpf-protegido/dark-web-serasa-antifraude/>. Acesso em: 24.08.2020.

SHIRAKI, Maki. *Honda é alvo de ataque hacker e suspende parte da produção, incluindo no Brasil.* Bol. Disponível em: <https://www.bol.uol.com.br/noticias/2020/06/09/honda-e-alvo-de-ataque-hacker-e-suspende-parte-da-producao-incluindo-no-brasil.htm>. Acesso em: 24.08.2020.

SOUZA, Ramon de. *Empresa de segurança expõe mais de 25 GB de documentos fiscais.* The Hack. Disponível em: <https://tinyurl.com/y4et2rt7>. Acesso em: 24.08.2020.

TUDO CELULAR. *De novo! Banco Inter deixou dados de 1,45 milhão de clientes expostos.* 13.02.2019. Disponível em: <https://www.tudocelular.com/seguranca/noticias/n138074/banco-inter-vazamento-dados.html>. Acesso em: 24.08.2020.

UOL. *Banco Inter confirma vazamento de dados e culpa "pessoa autorizada".* 17.08.2018. Disponível em: <https://www.uol.com.br/tilt/noticias/redacao/2018/08/17/banco-inter-confirma-vazamento-de-dados-apos-ataque-hacker.htm>. Acesso em: 24.08.2020.

WATERING HOLE ATTACK. Techopedia. Disponível em: <https://www.techopedia.com/definition/31858/watering-hole-attack>. (Tradução do autor). Acesso em 22.08.2020.

ZURICH BRASIL. *Segurança Cibernética neste novo panorama.* Palestra online. 14.05.2020. Debate entre Fernando Saccon especialista da Zurich Brasil e Walmir Freitas da Kroll Brasil.